产业支撑乡村振兴实践案例丛书

主编 管新帅

新时代陇南个体网商实践案例

郝志强　杜理明 ◎ 编著

中国财经出版传媒集团
中国财政经济出版社
·北京·

图书在版编目（CIP）数据

新时代陇南个体网商实践案例／郝志强，杜理明编著．－－北京：中国财政经济出版社，2024.7

（产业支撑乡村振兴实践案例丛书／管新帅主编）

ISBN 978－7－5223－3025－9

Ⅰ.①新… Ⅱ.①郝… ②杜… Ⅲ.①网络营销－案例－陇南 Ⅳ.①F713.365.2

中国国家版本馆 CIP 数据核字（2024）第 071474 号

责任编辑：翁晓红　　　　　　　责任校对：徐艳丽
封面设计：陈宇琰　　　　　　　责任印制：党　辉

新时代陇南个体网商实践案例
XINSHIDAI LONGNAN GETI WANGSHANG SHIJIAN ANLI

中国财政经济出版社 出版

URL：http://www.cfeph.cn
E－mail：cfeph@cfeph.cn

（版权所有　翻印必究）

社址：北京市海淀区阜成路甲 28 号　邮政编码：100142
营销中心电话：010－88191522　编辑部电话：010－88190957
天猫网店：中国财政经济出版社旗舰店
网址：https://zgczjjcbs.tmall.com
中煤（北京）印务有限公司印刷　各地新华书店经销
成品尺寸：170mm×240mm　16 开　13.5 印张　131 000 字
2024 年 7 月第 1 版　2024 年 7 月北京第 1 次印刷
定价：54.00 元
ISBN 978－7－5223－3025－9
（图书出现印装问题，本社负责调换，电话：010－88190548）
本社质量投诉电话：010－88190744
打击盗版举报热线：010－88191661　QQ：2242791300

此丛书是

甘肃省高等学校产业支撑引导项目

阶段性成果

谱一首劳动人民的赞歌

（代 序）

地处秦岭南麓的陇南，历史悠久、文化厚重、气候适宜，孕育出朴实勤劳的人民和多元富饶的物产，被誉为"陇上江南"。1932年4月，习仲勋等老一辈革命家在两当县打响了为穷苦乡亲们翻身解放的第一枪，乡亲们跟着中国共产党开始走上不受压迫的道路。新中国成立以后，历代共产党人牵挂着陇南，一代代的陇南劳动人民用自己的勤劳和智慧建设着家乡，但是特殊的地理位置制约了这个山清水秀的地方。深深的沟壑和莽莽的大山磨砺着广大劳动人民的勇毅，流淌着他们辛勤的汗水，"富饶的贫困"成为陇南的代名词。老乡们脸上愁、心里苦，共产党人是看在眼里，疼在心上，只能憋着一股子不服输的劲头，下定决心一定要用自己的勤劳和智慧把陇南变成另一个"江南"，要把鬼斧神工的景色、有机绿色的优质农产品、储藏丰富的稀有矿产发挥出最大的效应，让老百姓"工作得更好，生活得更好"，脸上始终挂着轻松快乐的笑容，这是每一个共产党人的初心使命。

党的十八大以来，在以习近平同志为核心的党中央坚强领导下，陇南也和全国一道迎来了发展的新时代。2013年春节到来之际，习近平总书记来到甘肃，看望慰问各族干部群众，并走进渭源县元古堆村和东乡县布楞沟村，入户看望老党员和困难群众，同乡亲们手拉着手唠家常，仔细询问大家的生产生活情况。当时的陇南还是全国区域性整体贫困的典型代表。习近平总书记指出，要"找准发展路子、苦干实干，早日改变贫困面貌"。勤劳勇敢的陇南人民在党的领导下，把习近平总书记的殷殷嘱托变成实干力量，探索出多条扶贫的路子。山再高，往上攀，总能登顶；路再长，走下去，定能到达。2020年11月，84万建档立卡贫困人口全部脱贫，1707个贫困村全部出列，9个县区全部"摘帽"，历史性地解决了整体绝对贫困问题。"新故相推舒画卷，丹青妙手向翠峰。"打赢脱贫攻坚战后，陇南各级政府带领广大劳动人民夯实基础、补齐短板、增强弱项，精耕乡村、聚力振兴，老百姓的日子越来越有盼头。

"社会主义是干出来的，新时代也是干出来的。"陇南向祖国交上的高质量发展的优秀成绩单，是中国共产党领导各行各业的广大劳动人民在自己热爱的土地上苦干实干出来的。陇南人民通过辛勤劳动、诚实劳动、科学劳动取得一个又一个的胜利，一个个朴实的农民、一个个奋斗的创业者、一个个坚守的干部职工都在这片土地上书写了一个又一个陇南故事。

初次听到这些故事时，我们被感染、被激励、被鼓舞了，我们决定要把这些故事记录下来，于是我们在陇南这片土地上开展了调研、访谈，在山水之间感受陇南人民的热情好客以及面对困难时的

谱一首劳动人民的赞歌（代序）

乐观向上。这不就是我们一直要追求的价值观吗？我们调研、采访了众多实干者，选取了其中比较典型的创业者、个体网商、金融支持发展的30个案例，这30个案例记录的都是平凡的陇南故事，也是我们的榜样。将这些案例汇辑成册，形成丛书，正好谱写了一首劳动人民的赞歌，也让这些榜样之光照亮了我们的前进道路，使这些奋进之焰凝聚成我们的精神力量。

我们歌颂辛勤劳动。锦绣的陇南山水为辛勤的蜜蜂提供了舒适的家园，这些蜜蜂酿出了武都崖蜜、两当狼牙蜜和宕昌百花蜜等优质蜂蜜，使我们的生活更甜美。一个个勤劳的农民兄弟、回乡创业的大学生、退伍归来的军人就是贯彻落实乡村振兴战略的"蜜蜂"。他们拥抱互联网时代，把万水千山展现在咫尺，跨越了与外界的时空，把陇南的一草一木推介给世界；他们延长了农产品销售链条，挖掘农产品特色，让陇南农产品成为"甘味"品牌矩阵的重要力量；他们把乡亲们手工打造的"不值钱"的手工艺品推上电商平台，乡亲们的辛勤劳动成果每天都能"赶集"，卖上一个好价钱。"新农人"们用辛勤劳动架起了电商网络，从此，农产品销售"天堑变通途"，乘着数字时代的东风，"新农人"们追求着自己的幸福美好生活，用苦干实干创造出了无限的可能。

我们歌颂诚实劳动。陇南劳动人民吃苦耐劳的精神品质就像矗立在康县朱家沟村口的那棵有1800年树龄的麻柳树，祖先们用脚步丈量茶马古道过程中形成的信用义气、谦和勇敢的个性，嵌入陇南劳动人民的基因。一个个基层干部、企业家、乡村"能人"，像那棵麻柳树一样扎根陇南大地,谨记共产党人的初心使命,坚守在一线,不让一个乡亲掉队。他们走遍陇南的每一方山水,践行着"绿水青山就是金山银山"的理念,勾勒出文旅融合的美好画卷,打破了"抱着金饭碗要饭"的局面。他们收购乡亲们的农产品,不差一分钱;建立合作社和扶贫车间,探索出"农户+合作社+公司"的陇南扶贫模式,最终让乡亲们的钱包变得鼓鼓的;两代人扎根农村,坚守油橄榄产业,目前已打造出现代产业体系,实现了共同富裕。陇南人民是诚实劳动的新时代追梦人,他们厚植爱农情怀,让乡亲们的汗水变成金豆豆,为建设中国式现代化陇南贡献了力量。

我们歌颂科学劳动。陇南劳动人民把千年形成的多元厚重的历史文化与共产党人实事求是的精神相结合,以指导新时代的科学劳动,用科学的方法和实践优化生产要素组合,发展生产力,推进陇南农村产业又好又快发展。一个个银行经理、挂职干部、各行业的建设者们给陇南带来了新理念、新思路、新活力,把陇南当家乡,撸起袖子加油干!他们走进田间地头,与乡亲们拉家常,向乡亲们介绍现代金融,解决乡亲们金融需求的痛点,不但"把钱用到了刀刃上",还为农产品价格兜了底;他们招商引资,把田园综合体建立在大山中,文化搭台,旅游唱戏,让老百姓在家门口就能脱贫致富;他们盘活了农地经营权,打通了生产要素流动的堵点,促进农村"三产融合",成为全国试点。他们用科学劳动诠释了新时代奋斗精神,为乡村振兴注入了新活力。

站在哈达铺红军长征纪念碑前,我们仿佛还能听到红军"到陕北去"的声音,脑海中浮现出苏区经济建设的先辈、南泥湾大生产的战士、梁家河修水坝的青年形象。正是靠劳动创造,我们拥有了历史的辉煌;也正是因为劳动创造,我们拥有了今天的成就。我们相信,在新征程中,陇南劳动人民可以用勤劳和智慧在美丽富饶的田野上弹奏悦耳的华章,在绿色环保的工厂中篆刻时代的符号,在秀美灵动的风景区挂满洋溢的笑脸。陇南劳动人民一定能在建设中国式现代化过程中取得一个又一个胜利,定会把陇南变成"江南"。

在深入推进乡村振兴战略的新征程中,我们出版《产业支撑乡村振兴实践案例丛书》只是一个开端,也是一个尝试。在今后的工作中,我们会继续发现榜样,诠释平凡中的不平凡,努力讲好"中国故事",为乡村振兴尽绵薄之力。

此记,是为序。

《产业支撑乡村振兴实践案例丛书》编写组
2024 年 4 月

目 录

案例 1	崔东辉和他的"甜蜜事业"	1
案例 2	直播变"农活" 六旬老汉张家成成"网红"	18
案例 3	成县电商"三姐妹"的选择与成长	33
案例 4	热爱家乡无怨无悔：庞香的创业抉择与拼搏	54
案例 5	传承与创新：南彦平和他的手工挂面	70
案例 6	逆"虹吸效应"：外乡人张哲豪的陇南电商创业记	90
案例 7	与电商共舞：王惟真的美丽事业	105
案例 8	余蓓：电商长河中的"摆渡人"	120
案例 9	吴月月：源于电商的巾帼带头人	135
案例 10	越挫越勇：王谢红的返乡创业路	154
案例 11	郭文平：一步步破解"茶香也怕巷子深"的难题	169
案例 12	"鸡司令"尚育康的"网红"成长之路	184
后 记		199

案例 1

崔东辉和他的"甜蜜事业"[*]

陇南电商从2013年起步以来,已经走过了十多年的发展历程,数百种优质的当地农特产品经过商品化、标准化和品牌化,走出了大山深处,并感召和吸引了一大批年轻人回乡创业,他们成为农村电商发展的主力军。他们努力打拼,不仅让自己的事业蒸蒸日上,还带动周边的乡亲们增加收入、脱贫致富,夯实了乡村产业振兴的基础。

西和县崔东辉就是其中的佼佼者,他十几岁时外出打工,凭借勤奋好学和吃苦能干,获得了不错的收入。2015年崔东辉返回家乡创业,通过淘宝店铺等渠道销售西和土蜂蜜,取得了很好的经济效

---

[*] 本案例由郝志强撰写,作者拥有著作权中的署名权、修改权、改编权;本案例的撰写及发表已取得相关企业及案例当事人授权;由于企业保密的要求,在本案例中对有关名称、数据等做了必要的处理;本案例仅是关于企业发展历程的描述与讨论,并无意暗示或说明某种管理行为是否有效。

益和品牌效益,当年荣获新浪微博新锐微电商达人奖的荣誉,后来还被中央电视台《新闻联播》和《走遍中国》等栏目报道。

崔东辉的人生逆袭和成长,源于个人努力拼搏,也和市、县两级党委、政府给予的政策帮扶分不开,更是时代造就。面向未来,他决心继续扎根家乡,努力经营好"甜蜜事业",让更多的消费者了解和选购西和土蜂蜜等优质产品,努力在乡村产业振兴中发挥电商的独特作用。

2017年2月23日,对于西和县兴隆镇崔马村来说,是一个很普通的日子。虽然是初春的农闲时节,但村民们都在忙碌着,男人们检查中华蜂的蜂箱——这是他们一年下来获得收入的主要来源,女人们则在精心制作刺绣作品——西和也是全国闻名的"乞巧之乡"。到了傍晚,村民们围坐在炕上,观看中央电视台的《新闻联播》等节目就是他们少有的娱乐活动。

突然,一条新闻吸引了他们的目光,标题叫作"甘肃陇南:电商连起'脱贫路'"。大家惊喜地发现,村里做电商的小崔出现在了电视画面里,是那么亲切和接近。面对央视记者的镜头,小崔一边忙着打包和搬运快递,一边介绍说自己做电商挣钱了,吸引了邻居和周边的乡亲们,都想从他身上取经学习。

"小崔上电视了!"这个喜讯马上传遍了平日里寂静的小山村,成为接下来一段时间大家热议的话题。小崔这个20岁出头的年轻人,一下子成为当地的"名人"。面对这一切,小崔非常欣慰,觉得

2017年2月23日《新闻联播》的报道

自己返乡两年来的付出正在取得令人满意的成绩,但也为接下来的客服跟进、订单发货和供应链合作等开始发愁。

一、"北漂"返乡

1994年,崔东辉出生在西和县兴隆镇(原兴隆乡,2016年经甘肃省人民政府批准撤乡设镇)崔马村一个普通的农村家庭,兄弟姐妹四人,他是最小的。全家人固守着几亩贫瘠的耕地,祖辈们虽世代辛勤劳作,却难以摆脱贫困的面貌。

2008年,十几岁的崔东辉不甘心在这样的环境下接受命运的安排,外面风云变幻的世界吸引着他的目光,年少的他选择离开家乡,来到千里之外的北京打工。

初次离开家乡和亲人，要在大城市立足和生存，崔东辉选择的行业是餐饮，从杂工干起。凭借着甘肃人性格里的质朴和踏实，他勤奋好学，不怕脏，不嫌累，很快得到了同事们的认可，店里的师傅也愿意教他技术，他厨艺学得很快，短短几年，已经成为这家酒店的厨师长了。

首都北京比自己的老家发达多了，"北漂"的打拼经历，让崔东辉获得了一份不错的收入，但他的心里始终挂念着家里的亲人。2011年前后，以微博为主要代表的自媒体兴起，小崔也注册了自己的账号。之后每年春节回家时，他都会拍摄一些蜜蜂采蜜和蜂农取蜜的照片发布到微博，起初的想法只是为了记录真实的农村生活，但出人意料地得到了同事和其他网友的极大关注，大家建议他可以通过电商销售优质的蜂蜜。

这时候，崔东辉对于电商和互联网营销还知之甚少，但他觉得这将是未来最主流的购物方式，加上陇南市和西和县从2013年已经开始大力推动农村电商发展，对家乡的眷恋之情和家人无法割舍的期盼，崔东辉内心干事创业的想法被激发了。2015年2月，小崔辞掉收入较高的工作，离开北京，正式回到自己的家乡创业。

二、创立"小崔蜂蜜"品牌

西和县位于陇南市北部，地处长江流域西汉水上游，境内多山地，曾经是陇南市乃至甘肃省贫困面最大的县区之一，脱贫攻坚的任务十分艰巨，直到 2020 年才最后一批脱贫摘帽。

西和县的地形地貌特殊，境内森林覆盖面积广，蜜源植物资源丰富，夏天雨水充沛，气候湿润，漫山遍野各种花朵绚丽绽放，勤劳的小蜜蜂们欢快地飞舞，为人类酿造着甜甜的蜂蜜。西和自古就有养蜂的传统，而且使用最原始的方法，比如实木甚至树桩就地取材制作蜂箱，中华蜂会自己钻进去筑巢、繁衍和产蜜，而蜂农每年只割一次蜜，留下一部分让蜜蜂度过漫长的秋冬季节，不搞"竭泽而渔"，保持生态系统的平衡与和谐，人与蜂维系着一种很好的"合作"关系。这种蜂蜜的蜜源植物广泛，又被称为"百花蜜"或者"土蜂蜜"，相比单一花种的蜂蜜，颜色更深，浓度更高，营养价值也更高。

崔东辉的爷爷是一位老蜂农，曾经养蜂近 40 年。崔东辉清楚地记得，小时候家里主要的收入来源就是销售蜂蜜和做豆腐。因此，他不但对蜂蜜有深入的了解，而且也寄托着自己不一样的情感，回来创业后，选择的方向自然而然就是蜂蜜销售。

2015 年 4 月，崔东辉在淘宝开通网店，店铺取名"小崔蜂蜜"。首先上架了土蜂蜜，也就是当地传承多年的老式割蜜——一种完全使用传统工艺酿造和取蜜的优质蜂蜜。他通过微博、微信朋友圈等自媒体渠道推广宣传，取得了不错的销售成绩。后来他的店铺还上架了洋槐花蜜、党参蜜、黄芪蜜和五倍子蜜，以及可以嚼着吃的蜂巢蜜等多种产品。

崔东辉和蜂农们在一起取蜜

店铺开通第一个月，销售额超过1000元，虽然远远不及自己在北京工作时的收入，但崔东辉是满意的，毕竟万事开头难。接下来他继续努力，特别是在新浪微博首批开通"橱窗"功能，将自媒体的巨大流量引流到淘宝店铺，此时他的微博粉丝达到了1万名左右，转化效果非常可观。2015年7月，崔东辉发起成立了西和县陇上东辉农产品开发有限公司，担任法人代表，及时将淘宝店铺的经营主体更换为企业，相对而言，企业店铺获得平台的流量扶持大于个人店铺，而且创业项目也更加正规。

崔东辉非常注重品牌营销，第一时间注册了两个商标："崔东辉"和"小崔蜂蜜"，突出个人IP的特质，而且容易记忆和传播，目的是把自己的品牌和产品类目"蜂蜜"深度关联。2019年，小崔又将企业名称"陇上东辉"注册为新的商标，构建了完整的知识产权保护体系。

2015年年底，崔东辉荣获新浪微博颁发的"年度新锐微电商达人奖",是甘肃省唯一获得此殊荣的电商创业者。12月16日,崔东辉来到浙江省杭州市领奖,结识了全国众多优秀的同行们。多年后他回忆起来,觉得自己能有机会和阿里巴巴集团的高管们在一起开会,真是做梦都不敢想的。

三、"甜蜜事业"引领富民产业

2015年尽管是"起步之年",但崔东辉凭借自己的努力取得了理想的成绩,坚定了继续创业打拼的决心。

西和县电商中心为创业者们提供了优越的扶持政策,贫困户有5万元的3年期免息精准扶贫贷款,创业者们可以入驻县电商双创园,在2年的孵化期内,所有的租金、办公设施、水电和网络完全免费。在这里,每周会举办两三次创业培训或者沙龙交流会,大家深入讨论,彼此合作,营造了良好的创业氛围。

崔东辉也贷款了5万元,用于产品收购和包装采购等,这笔资金如同及时雨一般,让他的创业项目快速扩大,产品品类和库存量也成倍增长,为线上推广销售奠定了基础。

崔东辉经过一段时间的努力,特别是凭借他在北京工作期间接触到的营销知识和积累的人脉等,蜂蜜的销售量不断增长,而且产生了溢价,当时一瓶500克的土蜂蜜卖到了128元包邮,这在当地蜂农看来是想都不敢想的价格。长期以来,大家辛辛苦苦收获的蜂蜜,由于没有知名度和品牌化,缺乏自有的销售渠道,被外地上门收购的客商们压价,甚至收购价每斤仅有十几元。

　　崔东辉是村里第一个通过电商销售蜂蜜的人。他从周边乡亲那里收购蜂蜜,给出最高的收购价,达到60元/斤;还与建档立卡贫困户签订协议承诺包销,收购时一次性付清货款。大家足不出户就能卖掉蜂蜜,因此都很乐意和他合作,优质的蜂蜜都优先给他留着,并对发展养蜂产业实现脱贫增收充满信心。

　　在产品包装方面,崔东辉使用更为安全放心的玻璃瓶——尽管比塑料瓶的成本更高,而且还要在快递过程中考虑到破损等问题。他把蜂蜜取蜜、收购、灌装和发货的全过程拍照和录制视频,作为商品详情页的一部分,让全国各地的买家充分了解他的产品,更加放心下单。崔东辉还担任西和县养蜂协会理事,秉持着质朴、诚信的经营理念,承诺把一瓶真正的好蜂蜜奉献给顾客,赢得了广大消费者的信赖。据统计,几年来产品的复购率高达94%以上。

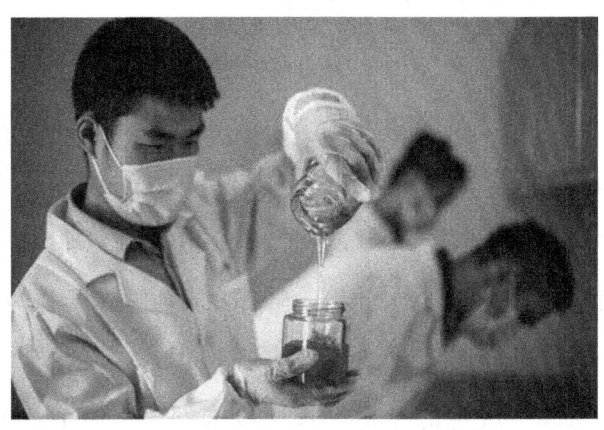

崔东辉在自己的生产车间灌装蜂蜜

在营销方面,崔东辉有着敏锐的眼光,刚创业时,他就注重从淘宝店铺这样公域的渠道引流,添加顾客微信做好一对一沟通,针对顾客的消费频次和金额提供差异化的服务,逐步培育了顾客的忠诚度和消费习惯。有一位来自湖南省邵阳市年龄较大的顾客,给他写来亲笔信,高度认可和赞扬蜂蜜产品的品质;还有的顾客成为他生活中很好的朋友,不仅帮他进行宣传,推荐自己的朋友购买,而且还针对产品设计和营销提出诸多有价值的建议。

"小崔蜂蜜"的品牌深入人心,除了淘宝店铺,崔东辉还在拼多多、抖音、快手、小红书以及本地平台开通店铺,扩大宣传和销售渠道;线下方面则参加各种展会和对接大单位团购,特别是借助东西部扶贫协作平台,将原生态的产品运送到全国各地消费者手中。据统计,几年来崔东辉线上蜂蜜销售量占85%以上,销量超过30万斤,收入1500多万元,先后与周边乡镇16家农民专业合作社和54户蜂农合作,累计带动200余人增收,在西和县打赢脱贫攻坚战和推动乡村振兴的实践中发挥了电子商务的独特作用。

除了中央电视台《新闻联播》节目的报道,2017年崔东辉还先后被《走遍中国》《经济信息联播》和《央视财经评论》等栏目专题报道。作为一名返乡的电商创业者,媒体的信用背书为他的店铺在一段时间里带来了源源不断的流量,甚至出现短期订单数量突增带来客服回复慢、产品缺货和发货不及时等问题,崔东辉在其他同行和合作伙伴的帮助下逐步解决,同时冷静地思考媒体光环逐步消退时自己的品牌定位和发展方向——唯有确保产品品质，永葆初心，把一瓶100%无添加的好蜂蜜奉献给信赖他的消费者。

诚如崔东辉返乡创业时的初心——让家乡优质的蜂蜜通过互联网销售得更好，他几年来的坚守和付出，不但初步实现了自己的目标，更让这份"甜蜜事业"成为当地的富民产业，周边的乡亲从中获得多方面的收入，电商创业也激励了更多和他一样热爱家乡的青年人返乡，这是陇南电商发展10年来所取得的多重成效。

四、产教融合项目

崔东辉深知，自己的学历太低，需要提升。尽管"社会是个大课堂"，但随着创业项目的不断深入，特别是电商运营要具备一定的专业知识和持续学习能力，何况企业也要不断发展壮大。

2020年，在创业进入第6个年头时，对于崔东辉而言又是一个新的起点。经过慎重考虑和准备，他报考了陇南师范高等专科学校电子商务专业，成为高职扩招班的学生，开始系统化学习与互联网营销和电商相关的理论和实操课程。

阔别校园十几年，崔东辉深知学习时间的宝贵，他想尽一切办法将工作和学习的时间安排好，不辞辛苦往返西和县和成县两地，下决心一定要把自己落下的学业补回来。

更难能可贵的是，他还积极参加学生创新创业项目，将所学的理论知识运用于指导自己的创业项目，之后再从实践项目中总结和提升，取得了很好的效果。2022年，在陇南师范高等专科学校电子商务学院石明、魏颖艳、杜理明、许菡老师的精心指导下，他的项目"小崔蜜蜂——酿造甜蜜生活助推乡村振兴"，荣获第八届中国国际"互联网＋"大学生创新创业大赛甘肃选拔赛红旅赛道创业组金奖。在大赛路演和答辩环节，他质朴、上进的表现，给评委们留下了深刻的印象。

崔东辉有着开放的胸襟，乐于分享自己从事电商创业的经历和心得，帮助和他一样创业的同行们。2017年3月以来，他先后通过线上线下渠道，多次给MBA及本科学生分享交流；有一次还独自讲课一个多小时，对大家提出的问题耐心细致地一一作答和互动。他朴实无华的语言、丰富的创业经验、真诚谦逊的态度，给大家留下了深刻的印象，是大家心目中真正的创业达人。

2017年5月崔东辉在兰州交通大学MBA课堂上分享

五、公益助农项目

崔东辉深知，自己是一名普通的农家子弟，是电商发展的大环境为他赋能，搭建了个人干事创业和成功成才的舞台，他感恩这个伟大的时代，在自己创业发展取得一些阶段性成绩时，不忘尽己所能回报家乡，努力践行电商公益助农。

2018年1月，崔东辉成为陇南市第一批电商扶贫讲师，多次为各县区举办的电商培训班授课，传播和普及电商运营知识，鼓励更多的青年投身到电商创业中。2019年3月，他参与共青团甘肃省委发起的"青春扶贫·能量助农"直播带货活动，通过自己的平台流量带动更多的甘肃优质特产通过互联网销售。他还担任陇南市青联委员、常委，多次被中共西和县委、县人民政府评为"电商工作先进个人"和"优秀网商"；2022年五四青年节前夕被共青团甘肃省委授予"甘肃省优秀共青团员"的光荣称号，同年年底又被评为陇南市首批乡村振兴优秀乡土人才。

六、拼搏在路上

崔东辉返乡创业几年来取得的成绩，是个人的成功逆袭，也是数以千计陇南电商创业者们拼搏奋斗的缩影。

可以想象，假如没有农村电商的大力推动和实践，像崔东辉等当地年轻人的选择大多是外出打工,即使他们未来能够返回家乡,大概率也会从事传统的农业、建筑和餐饮等行业,可以让自己的家庭和亲人摆脱贫困,却很难像发展农村电商这样产生广泛的带动和辐射效应,更难以帮助到众多一直从事农产品生产加工行业的从业者们,让蜂蜜等特色产业借助电商更好地推广和销售,产生前所未有的经济效益和品牌效益。

因此,时代与个人是彼此成就的。我们从崔东辉等优秀青年的创业过程可以感悟到,生在鼓励干事创业的新时代,个人唯有明确定位和方向,不忘初心,保持开阔开放和合作共赢的胸怀,一定能够实现自己的梦想。

崔东辉2015年返乡创业时,满怀着要让家乡蜂蜜卖得更好的愿望,一直坚守初心。当他把一瓶蜂蜜卖到更好的价格时,给予乡亲们的也是最高的收购价;他承诺向建档立卡贫困户100%包销蜂蜜,帮助更多的合作社和蜂农。他的行为已经在践行"共同富裕"。

他乐于交流分享,创业不忘努力学习,积极参加产教融合合作项目,参与公益助农活动等,得到各方面合作伙伴的充分认可和高度评价,也为自己创业项目的快速发展奠定了基础。多年来他从高等院校、行业协会和社会各界学到很多,收获颇丰,这些都是宝贵的财富。

他始终热爱自己的家乡。在他看来,家乡这片土地尽管贫瘠,却是心中最深的眷恋。家庭和家人期盼他归来,家乡的快速发展更需要他这样的人才,因此,这种信念和力量会一直支撑着他走向未来更广阔的发展之路。

诚如他在 2016 年 11 月 21 日的微博里写到的：会用 5 年、10 年甚至更长的时间，努力把蜂蜜事业做得更好。过去几年的付出和取得的成绩，佐证了他的初心和决心，胸怀梦想并为之付出，是支撑他未来继续努力的不竭动力。

2022 年以来，崔东辉开始谋划建立直播电商产业基地，考虑推广"蜂箱众筹"等新的服务模式，他坚信自己创业几年来积累的数以万计的忠实顾客的信赖以及蜂蜜产业的发展前景，将会让相对单一的电商线上销售更为稳固和长久，同时也能帮助到更多的乡亲。

崔东辉创业以来的实践以及取得的成果再次证明，陇南市推动农村电商发展 10 年来，不但让百姓从电商销售中显著获得收入，更带动了一大批青年人才返乡创业，有效解决了传统社会二元结构下存在的空巢化和留守现象，为下一步乡村全面振兴提供了充足的人才保障。

创业几年之后，崔东辉攒钱在老家盖了新房子，不久又结识了同为西和籍的妻子，两人组建了幸福的家庭。妻子是一位人民教师，很支持他的创业项目，并提供力所能及的帮助；可爱的女儿出生后茁壮成长。这一切都给了他无比幸福的感觉。是呀，不管走到哪里，只有西和才是最温暖的家！

媒体报道

● "90 后"电商创业者代表、西和县陇上东辉农产品开发有限公司负责人、团支部书记崔东辉介绍自己返乡创业的经历。2015

案例 1 　崔东辉和他的"甜蜜事业"

年，崔东辉注册了西和县陇上东辉农产品开发有限公司，在网上销售农家蜂蜜等农特产品。2019 年，崔东辉开始投身直播带货新热潮，参加了当地政府组织的线上线下免费直播培训，多次参与西和县政府、县电商办以及共青团甘肃省委举办的各类直播带货活动，并与西和县兴隆、晒经、十里、石峡等乡镇共 16 家合作社、54 家蜂农建立了合作关系，带动 207 人次增收。

崔东辉说："未来农村电商大有可为，我希望搭乘电子商务这趟'列车'，带动更多群众通过直播方式销售当地的农特产品，实现在家门口创业就业，有效助力乡村振兴！"

资料来源：人民网 - 甘肃频道，http：//gs.people.com.cn/n2/2022/0915/c183348 - 40126168.html。

🌐 今年 28 岁的崔东辉，是一名"90 后"返乡创业者。崔东辉的家乡西和县，曾是甘肃深度贫困县之一。"带动乡亲们一起致富一直是我的理想。看到家乡推进电商扶贫带来的变化后，2015 年我决定回乡创业。"崔东辉说，回到家乡后，他注册成立了陇上东辉农产品开发有限公司，投身到家乡的电商事业中。

参加共青团甘肃省委举办的"青春扶贫·能量助农"直播带货活动；创立自有品牌"小崔蜂蜜"；吸纳未就业大学生和农村妇女就业；与农业银行甘肃省分行、兰州银行及多家企业签订帮扶协议；与西和县 16 家合作社、54 家蜂农建立稳定合作关系……过去几年来，返乡创业的崔东辉一步一个脚印，在助脱贫、促振兴的道路上迈出了坚实的步伐。

西和县是甘肃最后脱贫的 8 个贫困县之一，现在正处于巩固拓展脱贫攻坚成果、接续推进乡村振兴的关键阶段。"接下来，我将一如既往坚持扎根农村，继续扩大养蜂基地规模，建设标准化生产车间，更好地带动乡亲们增收致富，全力助推家乡的乡村走向振兴。"崔东辉表示。

资料来源：国家乡村振兴局网站，https：//nrra.gov.cn/art/2022/9/19/art_4317_196746.html。

● 家住陇南市西和县的崔东辉是一名"90 后"返乡创业者。2015 年，在当地政府帮助下，他注册了西和县陇上东辉农产品开发有限公司，在网上销售农家蜂蜜、花椒、土豆粉、滋补类药材等农特产品。

创业伊始，共青团等单位帮他搭建平台，组织他参加各类电商培训班，并在"青春扶贫·能量助农"直播带货活动中"亮相"。一段时间下来，他的电商应用水平大为提升，吸引了不少消费者。

崔东辉也怀揣初心，将带领周边农户就业、脱贫致富当成自己的理想。目前，他公司旗下品牌"小崔蜂蜜"就招聘了本地 7 名未就业大学生和 10 余名农村妇女，参与市场营销、设计、网店运营以及农产品包装、打单发快递等相关工作。

资料来源：中国青年报客户端，http：//news.cyol.com/gb/articles/2022-09/16/content_zN0gNSYZb.html。

案例1　崔东辉和他的"甜蜜事业"

●陇南市西和县，气候温润草木旺盛，当地群众有养殖土蜂的习惯。崔东辉说，他们当地家庭养殖土蜂，就和养鸡、养羊一样是家庭劳作的一部分，很多人开始并没有打算用这项手艺去赚钱，也没有途径去大规模销售，而他还在当厨师长的时候也认为养蜂更多是为了自家有蜜吃。

3年前，崔东辉还是一名厨师长，有着稳定的收入。崔东辉说，其实那时他也感觉不错，只是爷爷的突然离世，让他意识到打工的日子终究是在外飘荡，想想年迈的奶奶，他选择辞职，希望能在家乡创业，陪伴在家人身边。

家乡有好山好水，还有会养蜜蜂的乡亲。崔东辉选择家乡的蜂蜜作为电商平台产品来实现梦想。

让勤劳的蜜蜂成为直播间的"主人"，原本塑料桶、瓷缸里装的蜂蜜，换成了包装一致的瓶子，还放入保鲜柜。一样出产的蜂蜜，却有不一样的待遇，小崔的包装计划让很多村民疑惑而好奇。

崔东辉说，农村养蜂基本是自产自销，没有包装、没有看点就没有附加值，也卖不上好价钱。在政府的支持下，他通过电商平台运作，让养蜂的场景、收蜜和储藏蜜的过程都有网友见证，所产的蜂蜜自然能通过网络卖出更好的价格。

资料来源：中国甘肃网，http://www.gscn.com.cn/gsnews/system/2018/06/05/011964350.shtml。

案例 2

直播变"农活"
六旬老汉张家成成"网红"*

"放下锄头,拿起手机"已经成为时下不少中国农民的致富新选择,许多农产品种植户开始利用自媒体、电商等平台进行网络直播销售,被称为"新农人"。谁也想不到,陇南市礼县60多岁的农民张家成能与"新农人"联系起来。他虽然年事已高,但从开始学习电子商务到手机直播带货,热情不输年轻人。他的直播间与众不同,客户不但能看到他种植、管护每一颗果子的完整过程,还能欣赏到黄土高原真实、淳朴的风土人情。几年来他通过电商直播销售礼县苹果,取得了理想的成效,不知不觉变成"网红"。直播深刻地改变了他的生活,也影响和带动着其他新农人。

---

* 本案例由杜理明撰写,作者拥有著作权中的署名权、修改权、改编权;本案例的撰写及发表已取得相关企业及案例当事人授权;由于企业保密的要求,在本案例中对有关名称、数据等做了必要的处理;本案例仅是关于企业发展历程的描述与讨论,并无意暗示或说明某种管理行为是否有效。

案例 2　直播变"农活"　六旬老汉张家成成"网红"

2021年5月16日清早,家住陇南市礼县永兴镇龙槐村的张家成从起床就开始忙碌着,打扫院子,擦拭桌椅,准备果盘,因为今天要接待一位特殊的客人,而且还是位大人物。自从昨晚接到县里的通知,他一直在想怎么接待好这位重要的客人。这几年他在自己的苹果园里做直播,还上过央视《新闻联播》,成了家喻户晓的"网红",各级领导和媒体记者络绎不绝,但张家成觉得自己就是一个普普通通的农民,也没做出什么惊天动地的事情,没想到还会引起阿里巴巴集团董事局主席张勇的关心。今天见面该说些啥呢?他曾经接受过很多采访,还没有像今天这么心里没底。他回想着自己从外出打工到回乡创业、种植苹果、学习电子商务销售产品、果园直播带货等,不知不觉变成"网红"的过程让他平静了许多。

阿里巴巴集团董事局主席张勇来访张家成的农家小院

一、敢想敢做:搭上电商快车

礼县位于甘肃省东南部,是全国优质的苹果产区,凭借得天独厚的地理位置和气候环境优势,礼县苹果香甜可口,深受消费者喜爱,具有较高的知名度。目前,全县已基本形成了沿西汉水上游两岸及其支流60公里的苹果林带,覆盖14个乡镇、234个行政村、24.7万人,苹果种植已成为全县农民脱贫增收和乡村振兴的主导产业。但是长期以来,由于交通、物流、通信的限制,大部分苹果以客商上门收购贩运或果农在集市摆摊零售等传统模式销售,卖不上好价钱,丰产不丰收时有发生,甚至遇到自然灾害还会入不敷出。曾经出现过果农们失去了信心、砍掉果树,改为种植其他农作物的情况。张家成清楚地记得,以往在每一个秋收季节里,看着堆满院子的苹果,心中并没有收获的喜悦,而是发愁怎么卖出去,卖上更好的价钱。

2013年,陇南市委、市政府将电子商务确立为"433"发展战略中"三个集中突破"之首,政府着力解决思想观念保守、基础设施滞后、物流成本较高、电商人才匮乏、产业基础薄弱等制约电商发展的难题。

【参考阅读】

2013年12月16日,陇南市委三届七次全委扩大会议提出了

案例2 直播变"农活" 六旬老汉张家成成"网红"

"433"的发展战略,具体内容包括:

四个快速推进:扶贫开发要快速推进,在合力攻坚上迈出新步伐;生态文明要快速推进,在绿色发展上走出新路子;产业培育要快速推进,在提质增效上彰显新优势;城乡一体要快速推进,在协调发展上构建新格局。

三个着力夯实:着力夯实硬件基础,优先加强基础设施建设;着力夯实民生基础,统筹发展社会各项事业;着力夯实管理基础,加快推进社会治理创新。

三个集中突破:在发展电子商务上实现突破;在推进金融支撑上实现突破;在发展非公经济上实现突破。

当县里举办电子商务技能培训班时,张家成其实早就有学习电子商务的想法,所以积极报名参加,但是由于年龄较大、文化程度偏低、缺乏电商基础,学习电子商务这个新生事物的难度可想而知。不过他对电子商务充满信心,觉得一定能够解决苹果卖难的问题,让自己的付出有更好的回报,因此硬着头皮学下去了。他只上过小学二年级,不会写多少字,那就带上字典查;手机设备跟不上,那就换手机;不知道如何当客服,那就先学着在网上购物,从买家的角度来学习。

经过这次培训,张家成初步了解了电子商务的基础知识,掌握了一些基本技能,尝试通过个人微信号销售苹果,让他没想到的是,很快就卖出去了第一箱苹果。他高兴得合不上嘴,逢人便说:"电商真的有用!"

张家成在培训课堂上分享心得

有了第一单、第二单,他对学习电子商务产生了更为浓厚的兴趣。2014年,张家成第一个淘宝店正式开业,这一年他卖掉了15000斤苹果,每斤多赚1元钱。他的苹果通过网络销售比以前好卖多了,终于实现了一直以来的愿望。

身边曾经有人开玩笑说:电商是年轻人的"事业",你一个老汉凑什么热闹?你把苹果种植好就行了。张家成对此并不认同,他觉得年轻人能干好的事情,自己花时间用心学习,也一定能够取得满意的成果。2017年,张家成听说陇南师范高等专科学校电子商务学院邀请浙江来的电商老师讲课。带着向老师们请教以解决自己在电商运营过程中存在问题的目的,他满怀期望,来到学校认真听课。在课堂分享环节,他质朴的话语、不服输的精神给师生们留下了深刻印象；同时他也坚定了继续耕耘农村电商的决心。

张家成兴奋地展示自己的发货快递单"成果"

2013年以来，随着陇南市一系列发展农村电商的举措落实，比如硬化通村公路、发展快递物流企业、县乡村三级物流体系建立、贫困村实现4G网络覆盖、电子商务服务站点建设等，陇南农村电子商务进入了高速发展的快车道。几年来，礼县果农相继开通了百余家销售苹果的网店，电子商务的影响力在大山深处日益扩大，呈现百花齐放之势。

二、有志不在年高：坚持就能成功

张家成的淘宝店生意越来越好，不但把自家产的苹果卖出去，还能帮着村民卖苹果。不过，电子商务发展风起云涌，新平台和新模式层出不穷，开店运营成本越来越高，他在运营上遇到了新问题，网店买家不断减少，竞争也越来越激烈，又一次遇到了"卖难"的问题。

他经过调查和了解发现，2018年后，一部分消费者喜欢通过微信朋友圈、微店和小程序等新平台下单。可是，一般农民的朋友圈好友少，而且大多数是同乡的亲朋好友，对本地产品需求自然不大。虽然有很多专业引流方式，比如自媒体、广告、制作优质的内容等，但这些方式对于农民来说完全不具备可操作性，张家成不禁感慨电子商务做好并不容易。

"穷则思变"，遇到困难和问题时更该如此。2019年的一天，张家成接到阿里巴巴驻礼县特派员的电话，邀请他到县里参加淘宝直播带货培训班。他当时并不理解，不明白怎么通过直播卖货，心中存有疑虑，在电话里直言："直播对卖苹果有用没用？有用我就去，没用我就不去了，我这地里还忙着呢！"

话虽如此，善于接触新鲜事物的张家成，还是放下农活，按时来到县城参加培训。这是阿里巴巴"村播计划"在礼县开的第一场培训班，学员有八九十人，张家成是年龄最大的。直播对主播的形象、语言、文化都有一定的要求，这对他来说挑战大于以往的电商培训。

培训讲师要求学员回家每天坚持直播3个小时以上，好多学员都没能坚持下来。张家成回到村里，每天坚持直播10小时，虽然直播间里只有几十人观看，但他还是每天从早播到晚，坚持不懈。身

案例2 直播变"农活" 六旬老汉张家成成"网红"

边很多人看到他成天举着手机直播很不理解,这么大岁数还想当"网红",疯了吧?亲戚朋友也劝他,人家直播室看主播颜值,谁看你个农民老头,你播的果园和果树有啥看头?

面对这些不解,他很平静,心里想:万事开头难,自己已是花甲之年,学习一样新东西,哪有那么容易?没有别的捷径,只有坚持,坚持肯定会有好结果的。一个月后,他的粉丝就达到600多个,成为周边为数不多的人气主播。

张家成在自家果园开展直播

"自己种的苹果绿色天然无污染,可过去都是坐等中间商上门收购,根本卖不上好价钱。"张家成回忆说,以前苹果收购价每斤不到两元,卖果汁厂才几毛钱,而现在,跳过中间商,优质的礼县花牛苹果直接卖到了四五元一斤,甚至更高。2020年,张家成在淘宝直播间卖出了近30万斤苹果。只靠一部手机就能把农产品卖出去,放在过去，是和他一样的果农们连想都不敢想的事情。

不到一年的时间，礼县许多果农和农村电商创业者纷纷注册直播账号，开始在直播间操着不太流利的普通话介绍自家的特产，一件件农产品通过直播间卖出去了。他们通过手机屏幕，把来自田间地头的农产品源源不断送到无数城市居民的家中，这让以张家成为代表的礼县新农人无比自豪。

张家成在直播间为礼县苹果代言

三、成功背后：不失农民本色

2019年10月20日的《新闻联播》节目播报：礼县六旬果农张家成，通过直播卖货，将苹果销往全国各地，一年下来能挣12多万元。"张大爷上《新闻联播》了！"，这一消息让整个龙槐村沸腾了，

案例 2　直播变"农活"　六旬老汉张家成成"网红"

谁也没想到,一个老实巴交的农民还能上央视《新闻联播》!随着时代潮流的发展,手机直播已成为利用电子商务销售农产品的主流渠道,好多人都问张家成成为"网红"的秘诀是什么?他用质朴的语气说,其实没有啥秘诀,提高苹果品质,真诚对待每一位买苹果的客人就是秘诀。

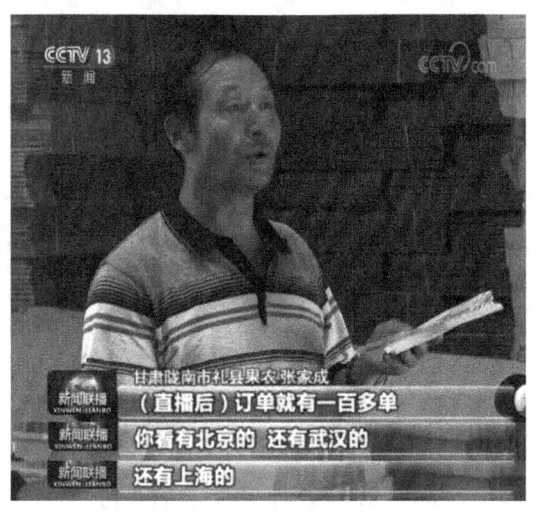

2019 年 10 月 20 日央视《新闻联播》栏目报道

进入张家成的直播间,没有通常叫卖的喧嚣,而最多的镜头画面是在果园干农活的场景:他拿着剪刀修剪枝条,一边看着用三脚架支起来的摄像头,一边向在线观众解释为什么他的苹果如此美味。他在一次直播中说:"你们可以了解我们的苹果树在这里的生长过程。苹果的味道很好,因为我们的果园在海拔超过 1000 米的地方。"在一个短视频里,他为了擦拭干净树皮,大冷的冬天,双腿跪在地上,看上去非常吃力,但还是坚持做完。

张家成认为,精心呵护每一棵树,它们才能长出漂亮的果子。在他眼里,果树就像孩子一样,滋养才能茁壮成长。有些观众看了他的直播,对于苹果生长的环境更加放心,没有任何污染,空气清新,水源清澈,阳光明媚,这一切都是优质农产品孕育的最佳环境。

在果园里直播是张家成工作的常态

有人问张家成:"你现在成'网红'了,买你家苹果的人越来越多,不愁销路,你都可以躺着挣钱了,还那么辛苦干啥?"张家成答道:"看我直播,买我的苹果,主要是因为苹果好吃,品质好,不是看我人'红'才买。咱们就是务(种)苹果的,不老老实实给果树做好剪枝、灌溉、授粉、施肥、套袋等管理环节,哪能有现在的产量和品质?"好品质是用心做出来的,张家成就是通过直播让客户看到他认真管理苹果的用心、坚持品质的恒心、诚信经营的诚心!

张家成把自己种植和管护苹果的过程记录下来,通过抖音、直播、微信朋友圈等新媒体方式予以展现,让消费者见到了实实在在的良好品质,增加了消费者的信任感,提高了消费者的黏性和回头率。他通过直播农村的自然风光及个人的才艺展示，加深了外乡人对礼县农村和农民的了解。这让礼县人明白了家乡原汁原味的风土人情、自然淳朴和农民本色就是成功的秘诀。

直播俨然是张家成生活的重要部分

2024年3月22日，中国互联网络信息中心（CNNIC）发布第53次《中国互联网发展状况统计报告》显示，截至2023年12月，我国网民规模为10.92亿，互联网普及率达77.5%，网络直播用户规模达8.16亿，短视频用户规模达10.67亿，网民人均每周上网时长为26.1个小时。

张家成通过直播带货，实现了贫困地区农产品竞争力的提升。在传统农产品交易模式下，贫困地区地处偏远、交通不便、信息闭塞，往往好产品不容易卖出去，卖不出好价钱。在短视频、直播等新型电商模式下，信息更加畅通，交易半径大幅扩大，流通成本大为降低，拼的是产品本身的特色和质量；而贫困地区因远离工业化地区，具有良好的农产品产地环境，更加容易得到消费者的信任。

直播让农民不仅获得了经济收入，在精神面貌上更是焕然一新，还为这些普普通通的农民打开了对外交流的窗口，让他们增长了见识，提升了自信，找到了新的努力方向，彼此之间也学会了合作与共赢，从某种程度上讲，他们在精神上的获得感比单纯增加收入更加重要。展望未来，农民主播这种电商模式以农民诚实守信的本色优势赢得回头客，将会立得住、行得远，让更多的农民从中受益。

张家成的努力正在结下累累硕果。他的女儿高中毕业后，曾经辗转在北京和上海打工，2020年返回家乡，跟随父亲做电商。如今，女儿已经是张家成的得力助手和后继者。在一次采访中，女儿说，父亲最让人佩服的是他在做电商中体现出的学习毅力和不服输的精神，她希望自己也能像他那样，成为农民主播，把父亲富农、助农的电商事业延续下去。

我们相信，未来会有更多像张家成一样的农民，把手机作为新"农具"、直播成为新"农活"，借助小小的屏幕，直播成为农民和外界交流、交往和交易的重要渠道，让乡村连接更广阔的世界。

媒体报道

◉ 适应人民新期待，党的十八大以来，"数字红利"加快释放，"互联网+"深入百姓生活。正在用手机直播卖货的是甘肃省陇南市礼县的果农张家成。

案例 2 直播变"农活" 六旬老汉张家成成"网红"

通过直播卖货,张家成种的苹果已经销往全国各地,一年下来能挣 12 多万元。2016 年,国家相关部门印发实施《网络扶贫行动计划》,截至 2018 年年底,纳入电子商务进农村综合示范项目的贫困县网络零售额超过 1100 亿元。

资料来源:中央广播电视总台国际在线,https://news.cri.cn/20191020/33902d53-7c76-63ba-ad88-79a5d8ccb608.html。

● 10 月 20 日,《新闻联播》报道:党的十八大以来,"数字红利"加快释放,"互联网+"深入百姓生活。正在用手机直播卖货的是甘肃省陇南市礼县的果农张家成,通过直播卖货,老张种的苹果已经销往全国各地,一年下来能挣 12 多万元。

礼县果农张家成为何能上《新闻联播》?他又是一个怎样的人?

57 岁的张家成是甘肃省礼县永兴镇龙槐村人,只有小学二年级文化。2004 年,在外地打工的他偶然听说西安果友协会到礼县园艺站对苹果树整形修剪,并培训苹果栽培技术,张家成就毅然选择回家种植苹果。2005 年,他从别人手里流转了 9 亩地,从外地引进了新品种苹果树苗,加上自家的地,有了 11 亩果园。后来,他自费去北京昌平、山东烟台、山西、陕西等地向各路高手学习,既听过农学教授的课,也向农民"土专家"求教过,边学边记,不认识的字就查字典。张家成种了半辈子的苹果,也靠苹果过上了衣食无忧的生活。

资料来源:凤凰网,https://ishare.ifeng.com/c/s/7qzEuOfCWqJ。

新时代陇南个体网商实践案例

● 阿里巴巴董事局主席兼首席执行官张勇率集团合伙人一行来到礼县,对由阿里巴巴脱贫基金支持的礼县乡村医疗卫生、教育、苹果产业发展等方面进行调研。张勇一行先后来到礼县实验小学、礼县永兴镇麻堡村卫生室、礼当家电子商务有限公司以及永兴镇果农张家成的果园等地,实地查看走访,了解帮扶项目落地情况。

当地有一位58岁的果农张家成张大爷,在参加了尹贻盼组织的电商培训之后,通过自己的摸索,现在已经成为一名"网红村播",每天能够销售100单左右的自家苹果,带动周边群众脱贫致富,被《新闻联播》报道。

资料来源:陇南市人民政府网站,https://www.longnan.gov.cn/content/article/43571120。

案例 3

成县电商"三姐妹"的选择与成长[*]

王芳芳、高海波和魏菲利,是陇南市成县三位优秀的女性电商创业者,被亲切地称呼为"三姐妹"。她们年龄不同,不是亲姐妹,却胜似亲姐妹;她们的创业起点各有差异,但是在电商这一创业道路上都同样不断成长,特别是曾经远赴云南省镇康县为当地的电商创业者"传经送宝",输出陇南电商发展模式和成功经验,结下了两地互学互鉴和长久合作的硕果,也彰显了女性创业者在新时代的作为和价值。

---

[*] 本案例由郝志强撰写,作者拥有著作权中的署名权、修改权、改编权;本案例的撰写及发表已取得相关企业及案例当事人授权;由于企业保密的要求,在本案例中对有关名称、数据等做了必要的处理;本案例仅是关于企业发展历程的描述与讨论,并无意暗示或说明某种管理行为是否有效。

陇南电商蓬勃发展的原因，一方面是当地党委和政府的充分重视及大力推动，另一方面是立足于当地产业特色和资源禀赋的正确选择，在打赢脱贫攻坚战的关键时刻，陇南市于2014年年底被原国务院扶贫办确定为"全国电商扶贫试点市"，引起全国其他贫困地区的极大关注。

陇南电商人有着开放包容的胸怀，对于前来学习考察的团队给予了热情的接待，毫无保留地分享已经取得的成绩和经验，也和大家一起交流今后的发展方向，确保电商扶贫模式能够充分与当地的实际情况相结合，而不仅仅是照抄照搬。

此外，陇南电商人也应邀走出去，为其他地区的从业者传经送宝，这充分说明陇南电商模式得到全国其他地区政府和电商行业部门的认可，具有输出和推广价值，有效带动了与其他地区的互学互鉴和长久合作。王芳芳、高海波和魏菲利就是其中的代表，她们在2018年6月去云南省镇康县培训，之后当地也安排基层干部和电商从业者回访学习，双方保持紧密联系，结下了跨越千里的深厚友谊。

这次难忘的旅程，就从一通电话说起。

2018年6月的一天，盛夏时节，骄阳如火，成县黄陈镇正在举办电商培训班，吸引了镇、村两级几十位创业青年踊跃参加，课堂气氛热烈，讲师则是已经从事电商数年、具有丰富电商经验和营销成绩的三位女性创业者：王芳芳、高海波和魏菲利。

课间休息的时候，她们意外地接到陇南市电子商务发展局赵炎强科长的电话，根据陇南市电子商务发展局与云南省临沧市镇康县关于开展电商扶贫对接合作的安排，特邀请她们三人前去镇康县分享农村电商创业经验，主要给当地的电商创业者和中职院校学生讲解如何入手农村电商，尽快提升技能，让更多当地特产通过互联网销售，带动创新创业，增加农民收入。

接到电话，三姐妹都觉得有点意外：她们自己真正从事农村电商时间还不长，而且2018年年初才被聘为陇南电商培训讲师，一直以来主要在成县各乡镇以及周边县区巡回培训[①]，而这一次却要被安排到千里之外的云南，给当地的同行"传经送宝"，分享陇南电商的发展模式和自己的创业经历。

一、一次难忘的跨省之旅

经过几天准备，她们的培训旅程开始了，同行者还有成县康润珍果有限公司总经理石径。一行四人从成县坐汽车先到天水，再从天水坐动车抵达省城兰州，顾不上休息，他们赶上了深夜的航班，第二天凌晨2点多落地春城昆明。尽管有些疲惫，但第一次离开家乡这么远，几个人都很兴奋，也很期待接下来的行程。

[①] 陇南市电商精准扶贫讲师培训，由市商务局、市电商发展局指导，市电子商务协会主办、企业信用服务中心承办，于2018年1月首次开班。培训内容有破冰训练、理论学习、团队分组和课程试讲等。学习结束后为合格的学员颁发证书，这些学员还可能成为陇南电商培训讲师。2018年3月、2020年7月，陇南又举办了两期培训，累计为100多名培训讲师颁发了证书，为陇南电商快速发展储备了人才资源。

石径是同行者中的"暖男",被推选为队长,他既细心,又有责任心,很快联系上前来接站的司机。上车后,询问司机多久可以到?司机回答3点多,大家心想一个多小时就到了,结果司机又补充说是下午3点多才能到。原来他们一路上太兴奋,居然没有查看地图,"既来之,则安之",虽然是凌晨,但是大家都不困,共同期待接下来十几个小时的漫长旅程。

司机很健谈,一路上给他们讲述云南和镇康的风土人情。大家了解到,镇康县位于云南省西南部边境,毗邻缅甸果敢地区,国境线有90多公里,境内以山地为主,特色产品包含茶叶和坚果等,与陇南的地形地貌和资源禀赋有许多相似之处,属于国家级贫困县(后来于2019年4月正式脱贫摘帽)。

几年来,陇南电商发展如火如荼,"酒香"飘到了千里之外的云南边陲地区。因此,2017年,镇康县委、县政府主动联系到陇南市电子商务发展局,希望学习借鉴陇南市电商扶贫的先进经验,在镇康县实现落地实施、开花结果,本次培训之行便是双方对接合作的具体举措。

傍晚时分,一行人终于抵达了这座边陲小城,来到镇康县商务局办公室,受到了工作人员的热情欢迎。三姐妹远眺前方的大山,不远处就是异国,第一次离开家乡这么远,接下来还有好几天要在这里度过,既感觉新奇,又充满了期待。

二、芳芳感言：电商创业改变了她的人生

第二天，根据镇康县商务局的安排，电商培训正式开始了。三姐妹每人授课两天，主要介绍自己从事电商的创业经历，以及农产品电商运营的方法和技巧等。

云南省镇康县电子商务培训班现场

王芳芳负责前两天的课程，她首先介绍了自己的成长经历。出生于1980年的她，初中毕业后结婚很早，婚后主要在家里照顾两个孩子。2010年，在家人的支持下，凑了20万元，她在成县县城开了一家服装店，这是她的第一个创业项目。但是几年后随着网购的兴起，她的服装店逐渐变成了"试衣间"，生意并不景气。

2013年，成县鼓励很多年轻人通过微博宣传当地特产。在传统

行业生意受挫的芳芳，觉得电商是投资较少的创业项目，于是注册了名为"云雾芳果"的微博。

得益于当时成县自媒体运营的良好氛围，芳芳学习得很快，微博粉丝越来越多，接下来又开通了淘宝店铺，开始销售成县核桃、土蜂蜜、松子和手工挂面等产品。她的第一笔订单，是一位来自广东的退休教授，教授的妻子是甘肃庆阳人，虽然并不十分了解陇南，但觉得这里山清水秀，产品自然很好。隔着屏幕，两个本来不认识的人交流得很愉快，教授毫不犹豫买了10斤蜂蜜和20斤松子，这给了初创业的芳芳极大的鼓励。

2014年4月，芳芳主动联系到兰州一家电商企业，双方合作共同推广成县索池乡寨子村的樱桃——这里也是芳芳的家乡。结果销售效果很好，顾客普遍反馈樱桃新鲜、个头大，价格也比较实惠，这使芳芳再次坚定了继续从事电商创业的信心。樱桃销售结束后，适逢六一国际儿童节，双方商议将所得利润采购图书和文具，捐献给樱桃树所在地的寨子村小学，给20多名留守儿童送上了一份暖心的关爱。

短短两年不到的时间，芳芳的电商创业从零开始、起步顺利。2015年芳芳正式转让了生意不景气的服装店，全身心地投入自己的淘宝店铺和微信商城运营中，还在县城开了一家农产品线下店——云雾芳果线下体验店，实现了"线上＋线下"运营模式，产品类别不断丰富，除了成县特产，还销售周边县区的优质农副产品。芳芳通过县城范围内的商品自己快速送货上门等热情周到的服务，赢得了广大顾客的信赖，产品的销售量逐步增长。

芳芳深知自己知识基础薄弱，于是不放过任何学习机会，只要县里举办电商培训班，她都积极报名参加，2015年还到省城兰州学习。为了弥补自己学历和文凭方面的不足，她还考取了陇南师范高等专科学校电子商务学院的电子商务专业继续学习。

功夫不负有心人，几年来，芳芳电商创业在当地小有名气。她先后注册了"云雾芳果"和"成县潘林面粉"等商标，荣获了"陇南十佳妇女电商""农村科技致富女能手""陇南最美女电商"和"陇南巾帼百优示范网店"等荣誉，被多家中央及省市媒体报道过；2018年受到第十届全国人大常委会副委员长、全国妇联原主席顾秀莲同志的亲切接见和鼓励。

顾秀莲同志为陇南市十佳妇女电商颁奖并且合影

2018年1月，陇南市电子商务发展局举办第一期电商精准扶贫讲师培训班，由于对培训讲师的学历有一定要求，芳芳信心不足，一开始没有报名。等到同年3月份第二期开始报名时,她抱着试试看的态度咨询,结果赵炎强科长回复说完全可以。最后芳芳完成了全部的理论和实操课程学习,考试成绩和试讲均合格,如愿成为电商讲师。几年来,从自己卖货到教别人卖货,既是芳芳的跨越式成长与蜕变,也是陇南电商模式强调"授人以渔"的充分体现。

三、海波另辟蹊径的选择:差异化才能产生竞争力

接下来是高海波授课。她是成县陈院镇人,2011年大学毕业后,原本的选择是考公务员,结果考了几年成绩一直不够理想,总是差几分。她没有气馁,相信自己一定能有更美好的未来。之后受到成县电商创业浓厚氛围的影响,她选择的项目同样是电商。

2015年结婚后,海波和爱人开始一起电商创业,凭借着自己在图片美工和数据运营方面的技术优势,他们的线上店铺很快开起来了。刚开始很辛苦,自己去农户家里收货和打包,有了订单后骑摩托车去县城发货,订单较多时还需要家里人帮忙。

相对而言,海波进入电商创业领域的时间较晚,此时成县电商已经迈过了起步的阶段,因此早期的政策红利和渠道优势等很少了,由于从业者众多,甚至还存在一定程度的商业竞争。这对于县域电商的整体发展、从业者之间的有序竞争和服务质量提升是有好处的,但对于刚入门的新手来说,这给销售成本、利润等带来了一定的挑战。

海波深深地明白，靠低价是不能长久取胜的，最终还要依赖选品差异化和优质的服务。与其直面竞争，不如另辟蹊径。她仔细研究了当时陇南电商同行们正在销售的所有商品，发现大家的产品同质化比较普遍，加上还鲜有成熟的网货供应商品，单一靠初级农产品竞争力明显不足。

该如何选品和重新定位呢？海波和爱人一直在思考。有一次，一位顾客的评论启发了她，内容是这样的："这种小松子我家松鼠特别爱吃。"大学时学过市场营销相关课程的海波恍然大悟，她突然找到了一个差异化的定位，那就是布局不一样的领域，经营新的类目，面向当时并不被广为关注的"宠物食粮"。

海波和爱人执行力很强，他们马上从网络搜索了宠物饲养和营养搭配的相关文章，很快设计出玉米棒、荞麦、小麦、松子和麻子等适合的商品，而且这类产品本身的收购价不高，因此这次反其道而行之的产品类目转型，让她的店铺有了新的发展方向，订单销售量很快暴增，复购率也很高。2017年"双十一"当天，她的店铺靠自然流量卖出了300多单，获得了县电商中心的奖励。

海波另外一个差异化的选品，就是销售产自成县沙坝镇的茶罐。在陇东南广大地区，农村有喝罐罐茶的生活习惯，近年来通过网络宣传获得了极大的关注。海波带领团队，每晚定时直播，为广大茶友分享罐罐茶熬制和品鉴的方式，隔着屏幕让大家感受到浓浓的茶香，气氛十分热烈，各种不同容量和造型的茶罐应有尽有，每天的销售单数都在100份以上。

海波在樱桃园开展直播助农活动

2018年5月,她注册成立成县陇源香电子商务有限责任公司,并且担任法人代表,正式开始规范化电商运营之路。公司注册地址位于陇南师范高等专科学校电子商务学院,属于高校众创空间的孵化企业。

源自电商的赋能,海波得到了跨越式的成长,2018年成为陇南电商精准扶贫讲师,带动更多的农村青年从事电商创业。她积极践行"电商公益助农"理念,与成县索池镇王湾村35户贫困户签订农产品代售协议,给予农户高于市场价的收购价,促进农户增收,实现电商扶贫的普惠价值。

创业以来,她根据产品运营的需要,先后开通了多个淘宝和拼多多店铺,实现矩阵式渠道布局。

除了线上平台外,2018年以来,海波和团队顺应陇南市发展县域电商配送中心的工作部署,与西和县、徽县等地的网货供应中心合作,自己专注于线上运营和服务,商品下单后从原产地直接发货,实现多地特色产品的分销,既丰富了品类,也降低了物流成本。陇南市大力推动县域网货中心的建设和运营,鼓励八县一区范围内的生产加工型企业、线下店铺与电商创业者之间深度合作,而不是孤军作战和各自为政,营造了良好的氛围。这些实践探索,是陇南电商扶贫模式取得普惠价值的重要原因。

海波先后被陇南电商培训中心、陕西省丹凤县电商培训中心和陇南师范高等专科学校电子商务学院等机构聘为电商培训讲师。作为成县电商人,她的创业经历充分证明,只要坚守自己的选择,持续不断地为之付出努力,每个人都有成功出彩的机会。在电商创业这条道路上,她还会继续坚定地走下去。

四、菲利的电商之路:青春在奋斗中闪光

三姐妹中,魏菲利年龄最小,这位"95后"女生,尽管才20多岁,但在成县电商从业者中已经是一位"老兵"了。

菲利初中毕业后,由于年龄太小,父母不放心她去外地打工,因此在县城从事过很多工作,但受限于学历和文凭,一直没有明确的职业定位。2013年,同样受到县里大力推动农村电商发展的感召,她第一批加入县电商协会,协会提供了免费的办公场所。她和众多小伙伴们一起开始了电商创业之路,并给自己的新浪微博和淘宝店铺取名为"陇南土蜂妹"。

凭着"初生牛犊不怕虎"的闯劲,菲利很快在众多的同行中站

稳了脚跟。除了线上渠道外，她还在县城开了一家店铺，蜂蜜、核桃、大樱桃和菜籽油等优质的产品都从这里发往全国各地。

菲利在自己的店铺打包发货

成县电商发展初期，快递费比较高，菲利很有经营头脑，她选择加盟了当时的国通快递，成为成县国通快递负责人，这样自己发货的成本大幅降低，还通过揽件和配送获得了一定的收入。

无独有偶，石径在创业初期也加盟韵达快递，成为成县韵达快递负责人，并且一直经营至今，极大地降低了物流成本，带动了线上销售额的提升。实践证明，"电商＋快递"的协同发展模式，是电商创业者们能够持续稳定经营的可行之路。

菲利是成县最早从事电商培训的讲师，被陇南师范高等专科学校电子商务学院聘为该院第一批校外实训导师，她自己还考取了工信部颁发的电商培训讲师证书，2018年1月成为陇南市电商精准扶贫讲师。

回顾自己承接过的培训课程,很多是公益性质的,菲利的目的很单纯,就是把自己的经验分享给初学者,让大家快速上手,少走弯路。她感慨地说,自己的学历并不高,但是在这个充满机会和希望的新时代,在电商创业的道路上不断学习和提升,能够帮助到更多的从业者,非常感恩电商带给自己的变化。

菲利是从实践中摸爬滚打起来的电商人,是陇南电商发展主力军和受益者的杰出代表,也是陇南电商模式的践行者和传播者。她数年来从卖产品到做培训,再到推动电商公益助农的蜕变,证明了陇南电商模式的持久生命力。当天培训结束时,她的精彩分享以及不平凡的创业经历,极大地触动和震撼了全体学员。

五、跨越千里的友谊硕果

几天的云南之行,几位讲师认真授课,现身说法讲述自己的创业经历,课间的时间也在深入交流,让参加培训的学员开阔了视野,激发了很多人的创业斗志,也给偏僻闭塞的山区小县带来了可供参考和学习的有效模式。

镇康县商务局高度重视培训工作,黄志华局长全程参加学习,认真做笔记。参加培训的学员,既有年龄较大的传统行业从业者,也有刚刚入门从事电商的新手,还有镇康县职业高级中学的"00后"学生。很多学员都是第一次接触和了解电商,他们对学习新的知识充满了渴望。

除了白天授课,晚上还安排了自习课,大家在一起坦诚交流,有时候还安排做游戏和唱歌,气氛十分融洽,学员们不但增强了从事电商运营的信心,更掌握了一定的操作技能。有一位学员给芳芳发微信说:"通过认真听课,终于知道了什么是电子商务,感谢老师讲了这么多。自己在课堂上不敢表达,还会害羞,希望以后继续向老师学习……"有的学员邀请三姐妹去自家的地里,实地观看种植的茶树和夏威夷果等,一起探讨如何通过电商展示和销售这些原生态的优质产品。

培训结束后,三姐妹在祖国边陲留影

这次几千里之外的授课,给当地带来了助农兴农信心和智力帮扶,得到主办方的充分肯定,为两地后续合作打下了坚实的基础,也是对陇南电商扶贫模式的一次有力推荐和宣传。一年后的2019年7月,镇康县商务局黄局长一行专程前来成县,既表达感谢,也前往三姐妹的店铺和成县康润珍果有限公司参观,促进了双方的相互了解和互学互鉴,巩固拓展两地在电商运营和人才培养方面的合作成果。

六、百花齐放春满园

三姐妹的镇康培训之行虽然短暂,但对于她们自己的成长和今后的发展是一个重要的节点。

回到成县以后,她们继续努力运营自己的店铺,芳芳和海波的线上销售额不断增长,并通过培训帮助更多的人从事电商创业。菲利除了做好电商零售和快递外,还把一部分精力投入农产品批发和网货供应。从2019年开始,她大量收购周边县区的香菇、木耳和蜂蜜等产品,进行产品的分级和标准化,供应给需要发货的个体网商。经过几年努力,农产品批发成为菲利业务体系中收入比例最高的板块。

芳芳总结电商创业十年来的收获,感慨地说:自己本来是一位普通的农村妇女,没有多少知识和技能,是时代赋予了很好的机会,陇南电商发展的利好政策环境让她从零开始触网,一路走来,信心更加充足,梦想被激发,觉得未来会有更多的可能。现在两个孩子都在上大学，电商不但让家庭有了稳定的收入，自己的人生也变得更为精彩。

海波是一位懂感恩的人，她经常说，自己一切的成长和进步都得益于电商，所以取得一些成绩之后，她帮助了很多人，比如给予合作的贫困户更高的收购价等。她的电商企业，作为陇南师范高等专科学校电子商务学院省级众创空间入孵企业，探索形成紧密的校企合作关系，组建了以学生为主的运营团队，让学生在校期间多接触实操的工作环节，真正为农村电商发展培育实用型人才。2021年，她开始担任成县政协委员，同时还被选为县工商联执委。在这个新的更高的平台上，她将继续坚守初心，努力前行。

菲利尽管年龄最小，却是三姐妹中从事创业领域最多的，她时刻有危机感和紧迫感。继国通快递后，又先后选择和百世、极兔和中通等快递企业合作，自己的实体店承担"最后一公里"的配送服务。2020年5月，为了更多元化经营，她在县城投资开了一家快餐店——"成县迈德思客快餐店"，通过线上线下相结合模式运营，收入一直保持稳定。现在，菲利几大业务板块的团队各司其职，她作为年轻的"老板"虽然感到欣慰和满意，但也时刻保持清醒，要趁着年轻的时光多尝试各种可能性，做好未来的创业规划。

陇南电商发展的初心，是弥补地理上的不足，让现实中的"万水千山"变为网络上的"近在咫尺"。近十年来，无数的陇南特色优质农产品走出了大山深处，走向全国市场，甚至走出国门。一大批企业从初级的货源供应开始转型，借助电商实现产品开发、加工和销售等环节的提质升级。更为重要的是，很多优秀的年轻人通过电商创业成长起来,其中不少是女性创业者,有不同的起点、条件和差异化的创业环境,但最终个人都得到了发展和进步,在县域范围内形成了良好的合作氛围。

乡村振兴,产业是基础,电商作为终端销售渠道可以成为很好的驱动器。陇南电商模式的重大意义,在于培育和形成了一大批从事电商并且为之坚定付出的团队,在于对人的全面赋能和潜力激活,更在于在发展过程中形成了对扶贫助农和产业振兴的普惠长远价值。

我们相信,在未来的创业过程中,会有更多像三姐妹一样的创业者,她们从电商中得到收获,也会帮助更多的新的从业者们共同成长,夯实电商发展的群众基础,让星星之火继续呈现燎原之势。

媒体报道

● 6月28日上午,由镇康县商务局主办、镇康山哥水妹电子商务有限公司承办的"2018年镇康县电子商务专业技术人才培训第一期培训班"在镇康县电子商务公共服务中心举行开班仪式。

本次培训还邀请到甘肃省陇南市"第五届市级道德模范""电商创富模范"石径讲师,"陇南十佳妇女电商"、成县妇联电商主席王芳芳讲师,陇南市电商扶贫讲师、龙图教育培训中心电商讲师高海波三位讲师现场授课。

本期培训班学员共有36人,计划培训时间15天。

本期培训将采取理论培训和实践操作相结合的方式进行。授课内容以微商、拼多多、淘宝店铺运营管理、店铺推广应用、图像处理、宝贝管理、淘宝美工、客户关系管理等方面为主,同时就如何运用新时代发达的网络体系服务推动农村电商工作向学员推广典型、交流经验。

资料来源:镇康县电子商务中心,http://www.wxsgsm.com/a/news/gsxw/71.html。

● 今年34岁的农村妇女王芳芳大部分时间都在网店上销售成县农特产。到2015年年初的时候,她将自己的市场范围已经拓展到了全国20多个省区。

王芳芳只有初中文化程度,为了照顾上学的子女在县城租住。做饭、接送孩子上下学、一个小服装摊,是她此前多年的生活内容。直到一年多以前,她的生活被网店改变。当地电商中心的工作人员帮她申请开通了网店,她通过"和客户在网上聊天沟通"这种在她看来非常容易的事情做生意。一年多的时间里,光顾她网店的顾客数量越来越多,2014年她靠网店收入了近3万元。

王芳芳如今被当地评为"十佳妇女电商"。对于电子商务,她也有了自己的"顾客思维"。"网络是虚拟的,要获得顾客的信任,产品的质量是最重要的,我卖出去的每一颗核桃都是自己亲自挑选的。"王芳芳说,她网店的顾客多是回头客,发货时她总是给他们多发一点赠品。

资料来源:人民网,http://finance.people.com.cn/n/2015/0111/c1004 –

26363657. html。

● 5月的成县，万山叠翠、风景如画。在小川、索池、抛沙等乡镇的樱桃园里，随处可见男女老幼扛着梯子、背着背篓、提着篮子，忙着采摘樱桃的情形。垂挂在树枝上已经成熟的樱桃圆圆的、红红的，在阳光的折射下，似珍珠、似玛瑙，煞是诱人。

"尝尝吧，刚上市的樱桃可甜了！"在索池镇寨子村王芳芳家的樱桃园，鲜红的樱桃挂满枝头，王芳芳一边熟练地采摘，一边给记者递过来一把红红的樱桃。王芳芳高兴地说："这几天樱桃刚上市，几位县城的老客户就早早预订了。我家3亩多樱桃树今年挂果情况特别好，这几天，全家为摘樱桃都忙得不可开交。红彤彤的樱桃，把咱农民的日子映得红红火火。"

资料来源：中国甘肃网，http：//gansu.gscn.com.cn/system/2017/05/15/011702635.shtml。

● 甘肃陇南市成县高海波，自2011年大学毕业连年找工作失败后返乡开办网店，在当地电商专干的帮助下，将从农户手中收购来的苹果、核桃等，搭配成营养均衡的宠物套餐，销售价格比普通农产品提升10多元，仅用了一年时间，店铺的销量就从200单升至1万多单。她不仅能以更高的价格和频率购买贫困户的农产品，还吸纳农户就业，增加其收入。

资料来源：中国新闻网，https：//www.chinanews.com/sh/2022/03-08/9696018.shtml。

新时代陇南个体网商实践案例

● 23 岁的魏菲利在很多人的眼中是一名创业成功人士,初中学历的她被聘为大学讲师,而且还有"甘肃陇南市成县电商妇联副主席""成县电子商务协会理事"等诸多头衔,但魏菲利的微信头像一直是扛着锄头的农村女孩。近日,她就在自己的网店接受了记者采访,表示如果没有电商,她可能一辈子就是个扛着锄头的"山里娃"。

魏菲利是一个初中毕业、来自农村的孩子,初中毕业后接触了电商,而且开了快递公司,开网店做农产品,后来成为陇南市首批扶贫讲师。如果没有电商的话,这些都是不可能的,生活条件上、收入上,各方面改变都很大,可以说是翻天覆地的变化,以前没有想过的,都通过电商实实在在地做到了。

2013 年,陇南提出发展电子商务,紧接着开展电商扶贫试点。当时正在外打工的魏菲利看到机遇后毅然辞职,成为陇南最早的电商从业者。电商改变了很多像魏菲利一样"山里娃"的命运,不仅让她们发家致富,还让她们接触到了大山之外的世界。

资料来源:中国新闻网,https://www.chinanews.com/sh/shipin/cns/2019/01-02/news798145.shtml。

● 短短几年间,魏菲利的淘宝网店被很多人知晓,而她本人在陇南电商圈的名气也不断增大,有不少学校开始聘请她讲授电商知识。

"做梦都没想到,我只是初中毕业,还能给大学生上课。"2015年,她被陇南电商学院聘为讲师;2016年,被陇南师范高等专科学校电子商务学院聘为第一批校外实训导师。

功夫不负有心人。成功的电商经营之路,在逐步让山区贫困群众增收的同时,也让魏菲利收获了许多荣誉。2014年魏菲利的淘宝店被评为陇南市优秀网店、成县十佳网店;2015年她先后被陇南市电商培训中心聘请为讲师,被陇南师范高等专科学校电子商务学院聘为该院第一批校外实训导师;2018年获得陇南青年电商新锐奖;2019年被成县评为最具感染力十大电商人物;2020年获得成县电商奉献奖。

"农村电子商务为我插上了创业的翅膀,我会帮助更多的农户走上脱贫致富之路。"魏菲利坚定地说,"未来我们的人生将会更加精彩。"

资料来源:澎湃新闻,https://www.thepaper.cn/newsDetail_forward_7591125。

案例 4

热爱家乡无怨无悔：庞香的创业抉择与拼搏[*]

庞香是陇南市两当县云屏镇庙湾村人，不到20岁时外出打工，在省城兰州从事了多份职业，曾经一度也非常适应城市的生活。2015年，在阔别家乡整整10年后选择回归。像大多数返乡创业者一样，她从零开始，生意规模不断扩大，勇于面对接踵而至的经营压力，有过抉择，更有过拼搏，现在坚定了扎根家乡发展产业的决心，因为她无怨无悔地热爱着自己的家乡。

陇南市两当县云屏镇，地处甘陕两省的交界地带，这里自然风景美丽，是著名的康养福地，但也存在着交通闭塞、产业结构单一

---

* 本案例由郝志强撰写，作者拥有著作权中的署名权、修改权、改编权；本案例的撰写及发表已取得相关企业及案例当事人授权；由于企业保密的要求，在本案例中对有关名称、数据等做了必要的处理；本案例仅是关于企业发展历程的描述与讨论，并无意暗示或说明某种管理行为是否有效。

等问题。大多数青壮年外出打工，老人和孩子留守现象一度较为普遍，当地的年轻人比例不高，巩固拓展脱贫攻坚成果的任务十分艰巨。

2015年以来，在国家各项惠农政策和产业发展引领下，一大批青年返乡创业。他们热爱家乡的山水，通过发展餐饮、民宿和电商等产业，打拼出了一片属于自己的天地，给农村带来了活力，也带动了当地农文旅业态融合发展，为长期以来封闭的农村带来活力，探索了乡村振兴和创新创业的新模式，庙湾村的"85后"创业者庞香就是其中的杰出代表。

2020年8月的一天，正值盛夏时节，陇南市两当县云屏镇庙湾村地处秦岭南麓，海拔较高，却是另一番凉爽的感觉。这个小村庄距离国家4A景区云屏三峡风景名胜区仅有数公里，风景秀丽，气候宜人，吸引了远道而来的游客在此观光、用餐和住宿。

【参考阅读】

云屏三峡自然风景区位于甘肃省陇南市两当县云屏镇，距两当县城36公里，距两当火车站19公里，距陇南市区230公里。

云屏三峡自然风景区地处南秦岭北坡的深山峡谷之中，大阳山是西汉水与嘉陵江的分水岭，使云屏三峡长岭逶迤、秀峰群立、层峦叠嶂、雄关险隘。从火地村起至广金方向的大阳山顶，依次经过"土地峡""观音峡""西沟峡"，人称"云屏三峡"。峡谷全长100

余公里，方圆 400 平方公里。

年轻的老板娘庞香，在村里开了农家乐和客栈。忙完一整天，送走最后一拨客人后，她在心里计算着当天的营业额，虽然疲惫，但觉得很满意，也很知足。在外部环境影响和本地同行竞争激烈的情况下，小店能有这样的生意已经不错了，而且可以照顾到父母和孩子。付出终有回报，回想自己十几年来外出打工、开店到最后选择创业的经历，往事一幕一幕涌上心头……

一、返乡创业

1985 年出生的庞香，是家里的老二，有一个姐姐和一个妹妹。2005 年高中毕业后，庞香不打算继续复读了，想要外出打工。父母刚开始并不放心，正好姐姐考上了兰州的大学，父母考虑再三后才同意她到省城兰州去，姐妹俩同在一个城市也能相互照应。

两当县云屏镇地处甘肃省东南部，当时交通不便，距离兰州有 600 多公里的车程，庞香有决心，也很想看看外面的世界。她很快适应和融入省城，后来在这里工作了 8 年多。

庞香从事过很多行业的工作，包括柜台导购、办公室文员等。有一次，她和同事参加公司组织的外出学习和团建活动，结果在旅游景点用餐时遭遇了"宰客"，几位年轻人花费了远超市场价格的费用，却无能为力。这件事情给她留下很不愉快的记忆，不过也给了她日后经营农家乐和客栈生意宝贵的启发。

几年来，父母对远在省城打工的庞香多有挂念，而且姐姐大学毕业后已回到两当县城当了一名教师。2013年，在父母的多次催促下，庞香结束了为期8年的"兰漂"生涯，返回自己的家乡，组建了幸福的小家庭。婚后不久，凭借着在销售和客户沟通方面积累的工作经验，她在两当县城开了一家鞋店，刚开始生意还可以，但随着越来越多的顾客习惯从网上购物，店面生意也越来越不景气。

转机发生在两年后，2015年云屏三峡被评为国家4A级景区，县镇两级政府投入资金，对全镇村组公路进行硬化，推动全域无垃圾、拆违（危）治乱和厕所革命等人居环境整治项目，为旅游产业发展营造良好的硬件环境，庞香敏锐地把握住了其中的商机。

创业的火花被点燃，同年她选择回到了自己的家乡——云屏镇庙湾村，此时距离外出打工已经过去整整10年。10年前，那位稚气未脱的农家小女孩，如今已经有了一定的经营和管理经验，加上可以利用父母的宅基地和院子，在家人的支持下，庞香贷了一部分资金，再加上当地政府对创业者的扶持政策，经过一年多的努力，2016年，她的竹林小院农家乐和玉水客栈建成了，农家乐达到了三星级服务标准，客栈则有12个标准间和24个床位。

绿树环绕、景色秀丽的竹林小院农家乐

二、透明菜单倡导诚信经营

此时的云屏三峡景区处于早期开发的阶段，软环境不够规范，已经开业的农家乐和客栈还是传统的经营模式，品牌和服务意识不够强烈。比如有的农家乐没有提供明码标价的菜单，不能让顾客明明白白点餐和消费。

由于之前旅游时有过不愉快的经历，庞香从一开始就推出透明消费的菜单，让顾客清清楚楚点餐，明明白白消费，还推出了350元、450元和550元三个标准的桌餐套餐，这在当时云屏镇40多家农家乐里属于创新，结果受到同行的非议和质疑，有的甚至指责她不守规矩。

庞香相信自己的判断力，要想让事业长久，一定要诚信经营，敢于打破"潜规则",以服务质量取胜,因此她决定坚持自己的做法。

市场是最好的选择,几年下来,大多数农家乐也开始学习庞香的做法,正当经营,也有一些农家乐因经营不善等问题而放弃,最后仅剩下四五家服务优质的农家乐,和庞香一起树立了诚信经营的标杆,进一步规范了旅游的配套服务标准,这对于当地文旅产业长远发展有着重要的意义。

三、初涉电商

云屏三峡景区景色秀丽,但是交通不便,距离县城有一个小时左右的车程,游客往往都是慕名而来,他们品尝了地道可口的山野菜和其他农特产品后,临走时都会顺手购买一些,一般再来的可能性较低。

但庞香敏锐地发现了游客的潜在需求,想到通过电商弥补线下难以重复消费的不足。2018年,她开始自学电商,由于只有高中学历,操作电脑不熟练,最初遇到了不少困难,而且要兼顾店里的生意和客户服务等。于是她报名参加了市、县政府部门举办的电商培训班,最后选择通过微信和抖音推广自己家乡的农产品,还入驻了其他电商平台进行展示和销售。

功夫不负有心人,经过一段时间的努力,她掌握了电商文案编写、产品拍照、短视频剪辑和客服沟通等技能,微信和抖音的粉丝也不断增加。线下来的游客临走时通过添加微信和抖音,以备有需要可以随时下单;线上的粉丝游览了当地美丽的自然风光,隔着屏幕被美味的食物诱惑,自然也有了来一场说走就走的旅行的冲动,几年来不少游客都是专程慕名而来。

游客选购当地特色农产品

2018年至2019年,得益于"东西协作"定点帮扶政策的带动,庞香的农家乐接待了很多来自青岛市和其他城市的旅行团,游客们选择在五一、国庆等节日和暑期前来,高峰期住宿紧张,往往需要提前预订;游客们在品尝当地特色美食的同时,临走时还要购买一些,并且添加了庞香的微信,保持线上联系。不少游客在自己的朋友圈转发庞香的经营信息,自发为庞香的小店宣传。

经过几年发展,庞香的农家乐在当地小有名气,她推广销售的云屏蜜酥、土蜂蜜、香菇、木耳、辣椒酱和山野菜等优质产品，作为伴手礼，成为代表两当特产的理想选择。

四、电商公益助农

庞香销售的当地农产品，包括土蜂蜜、香菇、木耳和山野菜等，都是以高于市场价的收购价从周边乡亲那里收购，而且收货时当面付款，让乡亲们不出村就能卖掉自家的产品，这在交通闭塞的云屏当地非常难能可贵，因此大家都很信赖她，愿意一直和她合作。

刚开始从事电商时，发货并不方便，庞香克服了许多困难，她所在的村庄距离县城有40多公里，驾车要一个多小时，班车则需要更长时间。她除了每天骑电动车去镇上的邮政网点发货外，为了保证时限，让顾客尽早收到，还把一些干货产品提前打包好，放到县城工作的姐姐那里，等顾客下单时可以快速发出，提高了客户满意度。

经过坚持不懈的努力，庞香的电商生意越做越好，在当地影响力越来越大，荣获了众多奖项，特别是快递资费不断下降，快递量较多时，镇上的快递企业还预约上门取货。她自己在实践中也摸索出了一套行之有效的电商运营模式。2019年，甘肃陇美电子商务有限公司邀请她给定西市临洮县洮阳镇老庄村农民做电商培训。她通过朴实的话语、实实在在的经验分享，给了老庄村参训学员很多的启发和内心震撼。

在农家乐经营的高峰时段，她和家人忙不过来，就雇用同村的其他妇女参与帮厨。大家在一起有说有笑，愉快地共同为游客提供服务，不出村就获得了一份不错的收入。

厨娘们一起为游客准备美食

几年来，庞香通过各种形式，累计帮助建档立卡贫困户13户，带动留守妇女就业15人以上，帮助本村和其他邻近村销售农产品超过50万元。她先后获得了两当县抖音大赛三等奖、陇南市脱贫攻坚巾帼带头人和陇南市优秀旅游人才等诸多荣誉，用实际行动彰显了电商在扶贫和农民收入增长中的独特作用，形成了示范带动效应。

五、短视频和直播营销

2020年年初,一场突如其来的新冠疫情席卷全国,线下观光旅游受到很大的冲击,云屏美丽的山水在很长一段时间里无人问津。庞香的小店也不例外,在整个春季几乎没有客流。

当地有的农家乐和客栈经营者坚持不住了,选择了放弃,一时间大家都对继续创业失去了信心。

这时候,庞香并没有气馁和受挫,转而把主要的精力放在电商运营上,通过个人微信和抖音账号等,开始尝试短视频营销,介绍当地独特的自然风光和劳作场景,一草一木、一山一水、天空飞过的小鸟、草丛里跳跃的虫子,都是她创作的素材来源。在她2.1万多粉丝的抖音账号下,已经发表了1000多条作品。真实、有趣的视频信手拈来,孩子、父母、帮厨的村民们频繁出镜,她的开场白是"大家好,我是陇南两当庞香",质朴的话语、生动有趣的话题,引发众多网友互动讨论,产生心灵共鸣,也强化了她的个人IP特性。

除了短视频营销,庞香还坚持做直播带货,哪怕直播间里只有几个人,她也从不放弃。2021年在二胎备孕期间,她更多的是通过直播间讲述自己的创业经历,介绍日常收货、打包发货以及当厨娘接待顾客的点滴生活,拉近了与粉丝之间的距离,获得了不少新客户的关注和点赞,为自己的商品销售吸引了很大的流量。

一切的努力和付出都有回报。2021年以来，两当县红色旅游和乡村旅游业蓬勃发展，众多旅行团组织游客纷至沓来，"领略云屏三峡美景，品味竹林小院美食"是大家共同的选择，庞香家绿树环抱的农家乐也成为当地的"网红打卡"地。

庞香深深地体会到，只有坚持不懈，把创业项目融入农村产业发展的大背景下，及时调整和优化营销方式，再加上优质周到的服务，才能取得今天的成绩。

六、"电商+非遗"的新方向

在云屏农村，巧手的妇女们会用优质小麦粉，搭配本地的老巢土蜂蜜以及芝麻、花生等配料精制一种小吃，制作过程需要十几道传统的工序，具有零添加、酥脆可口和甜而不腻等诸多特点，当地也叫"沙琪玛"，已经有几十年的传承历史。庞香家也不例外，大大的案板和棒槌也是奶奶留下来的。

2022年，庞香对这一小吃进行改进创新，重新设计包装，通过电商推向市场，命名为"云屏蜜酥"，先后以"土蜂蜜沙琪玛"和"云屏蜜酥制作技艺"为项目名称，申请成为两当县和陇南市的非物质文化遗产名录产品，发展方向定位为"传承"。

按照非遗产品生产和经营的要求，庞香对自己的操作间进行了调整，建成了云屏镇第一家非遗手工作坊，带领几位"厨娘"坚守匠心，既确保产量，又能一直保持原汁原味的品质。

云屏蜜酥好吃，但制作起来很不容易。庞香和家人根据预售订单量，每隔三五天生产一批，及时包装后快速邮寄到全国各地。每逢那一天，她会提前上好闹钟，5点前就要起床，天还蒙蒙亮，大山深处云雾缭绕中，一家人便开始了辛勤的劳作。油锅里的噼里啪啦，棒槌的有力敲击，伴随着清脆的鸡鸣声、鸟叫声，是属于她们的独有音符，也是象征着收获和幸福的交响乐。

非遗手作工坊里，厨娘们正在精心制作云屏蜜酥

七、坚守初心，继续努力

创业几年来，有收获和成绩，也有艰辛和不易。

面对未来，庞香信心满满。访谈中，她介绍了今后的打算，要继续不忘初心经营好农家乐和客栈，拓展电商销售渠道，让更多的当地特色产品销售到全国各地。

目前，庞香的微信好友 5000 多人，抖音粉丝 2.1 万多名，她持续创作高质量的短视频作品，乐于帮助他人，与好友和粉丝群体们保持着紧密联系。创业多年，她深谙"粉丝经济"的重要性，通过互联网，偏僻闭塞的小山村，打开了一扇连接外面世界的窗户，从此地理上的万水千山，成了网络空间的近在咫尺，这一点也是陇南市 2013 年以来大力推动农村电商发展的初衷和目标。

谈起今后的新计划，她坦言，目前的经营方式以自己为主，势单力薄，靠父母帮助，也不是长久之计，打算再寻找一个合伙人，也就是自己的亲妹妹。妹妹前几年远嫁到了青海西宁，2022 年返回来和姐姐一起创业，同时也能共同照顾父母。庞香认真考虑了两人的合作分工和利益分成等细节问题，毕竟"亲姐妹也要明算账"。

庞香在创业初期，便充分考虑到家人共同参与的利益分配机制，因此确定的模式是：除去经营成本外的全部利润，她和父母、妹妹平均分配。这样的做法，在一定程度上解决了家庭式合伙创业以及创业过程中家人支持的问题，也让自己的生意可以长久地持续下去。

庞香还有一个更大胆的想法，打算增加开放式厨房，让游客可以体验烹饪的全过程。这个潜在的需求，也是她在服务游客过程中发现的，一方面大多数游客停留景区的时间短，应该给他们增加更多体验的机会，营造"参与感"，另一方面也能节省出自己的宝贵时间，更专注做好游客服务，给游客们更多的选择。

2022年年初，庞香开始担任两当县政协委员、常委，在这个参政议政的新平台上，她更有信心积极建言献策，作为农村电商创业者的一员，发挥好电商对于农民增收和推动乡村振兴方面的作用。

可以预见，不远的未来，两位农村姐妹和她们的家人，用心用情用爱经营着自己的小店，她们热爱家乡的山水，愿意扎根下来建设更美好的家园。我们也相信，庞香创业几年来的努力探索和坚守、总结出来的经营模式，也一定会带动更多的陇南儿女返回和扎根自己的家乡，为广大农村地区产业发展和振兴添砖加瓦。

媒体报道

● 云屏镇庙湾村"85后"农家客栈老板庞香已成为当地红人。今年3月，她参加了电商培训班，注册了微店。小店开张以来，总浏览量超过2万次，特别是在抖音上推销当地的土特产，手工制作的蜂蜜核桃饼经常供不应求，通过网络销至全国，还带动多个贫困户参与网销增收。

资料来源：新华网，http://www.xinhuanet.com//politics/2018-09/27/c_1123492264.htm。

● 在甘肃两当，35岁的农家乐老板娘庞香通过直播，宣传当地的土特产和自己制作的沙琪玛、核桃点心等农家小吃，顾客可以添加微信进行购买。

为保证食品安全,庞香将周围妇女集中到自家作坊,进行统一培训,接到订单再动工,现做现发。她还通过视频、直播等渠道,让消费者亲眼看到制作流程,微信朋友圈里,也都是如何保存、如何食用的温馨提醒。

"不量产,尽量接同城配送订单。"基于起步阶段的实际情况,庞香为自己定下这样的规矩。"很想把自家优质产品推向全省、全国,但目前还不具备量产的能力和资质,还是得一步步走。"她说。

资料来源:人民网,http://health.people.com.cn/n1/2020/0519/c14739-31714313.html。

● 2013年前的庞香还是在省城兰州为了生计不停奔波的小姑娘,乘着"互联网+"的东风,庞香毅然决然回乡创业,正式开始了她的"新农路"。

"她把手机变成'新农具',直播变成了'新农活',数据变成了'新农资',用'短视频+电商'直播的方式,让农产品和云屏美景'走出去',吸引周边的游客走进来,带动农家乐、旅游业同步增收。"云屏镇庙湾村支部书记唐小兵笑着说。短短两个月,庞香的竹林小院出售农产品金额上万元,解决了村上10余人的就业问题,现在的庞香已成为名副其实的"新农人",乡村振兴的"排头兵"。

说起"新农人",庞香也有她自己的理解:"我觉得'新农人'

案例 4　热爱家乡无怨无悔：庞香的创业抉择与拼搏

最重要的应该是良心的'心'，关键要做放心食品，因为光有直播带来的热度还远远不够，这背后更多的是对当地农产品质量的考验，这也是我的手工沙琪玛能一直保持热度的'致富法宝'。"

资料来源：每日甘肃网，http：//szkb. gansudaily. com. cn/system/2023/02/28/030729923. shtml。

案例 5

传承与创新：南彦平和他的手工挂面[*]

南彦平是陇南市成县沙坝镇沙坝村人，2014年，在外务工12年的他听说陇南市将大力发展电子商务，决定回成县创业，将父辈的手工挂面制作工艺传承下去。在传承的同时，南彦平不乏创新之举，尤其是在2016年至2017年参加了四次众筹活动，不仅募集到所需资金，还积累和沉淀了大量忠实的用户。

2021年，随着新生产车间——成县野马源挂面厂的建成与投产，南彦平的手工挂面事业再上新台阶，各项荣誉也接踵而至，企业先后获得成县"传统企业转型电商新秀奖""电商奉献奖"等荣誉，并入选"陇南市非遗就业工坊"名单。如今的野马源手工挂面

---

* 本案例由杜理明撰写，作者拥有著作权中的署名权、修改权、改编权；本案例的撰写及发表已取得相关企业及案例当事人授权；由于企业保密的要求，在本案例中对有关名称、数据等做了必要的处理；本案例仅是关于企业发展历程的描述与讨论，并无意暗示或说明某种管理行为是否有效。

厂正以焕然一新的风采，朝着"贯通产加销"的目标迈进，南彦平也更加坚定了"传承非遗文化"的创业初心。

2021年12月13日，陇南市文化广电和旅游局公布了"陇南市非遗就业工坊"名单，共有10家企业，成县野马源手工挂面厂便是其中之一。这是南彦平的企业继2019年荣获成县"传统企业转型电商新秀奖"、2020年荣获"电商奉献奖"之后，获得的又一份荣誉。这是对他过去工作的肯定，也意味着新的起点、新的征程和新的责任。回想起自己当年作出返乡创业、子承父业的决定，南彦平感慨颇多。

一、子承父业：回乡继承传统工艺

成县位于甘、陕两省交会之处，独特的人文氛围造就了别具一格的饮食口味，手工挂面这一传统美食，在憨厚、勤劳的成县人心中有着重要的位置。相传成县手工挂面起源于明朝初期成县西片的小川、索池、沙坝等地，至今已有600多年的历史。家族从南彦平爷爷那辈开始就在做手工挂面，除了自给自足，还售卖给村里有需求的乡亲。这成为家庭收入的主要来源。爷爷岁数大了，父亲就继承了这一传统手艺。从小就看着祖辈制作手工挂面长大的南彦平，内心对挂面有一种特殊的情感，做挂面的情形是他儿时最宝贵的记忆。

南彦平19岁那年离开家乡，先后去四川、新疆等地打工，做过厨师，也做过建筑工人。2014年，他听说陇南市大力推动发展农村电子商务，很多返乡青年都通过电子商务小有成就。见惯了大城市快节奏、简约的生活方式，南彦平一方面觉得如果能够把家乡的手工挂面通过电商卖到全国各地，前景一定非常不错；另一方面，由于手工挂面制作流程复杂，纯手工制作产量低，能做动的父辈们越来越少，会做而且愿意做的年轻人也很少，这一传承了几代人的传统技艺面临着生存危机，他觉得自己有义务和责任将它传承下去；再加上当时成县的创业氛围浓厚，南彦平坚定了回乡创业的决心。

于是，在经历了12年外出务工之后，南彦平于2014年秋季回到了成县沙坝镇沙坝村盘柳社，扛起锄头，沿袭祖辈日出而作、日落而息的生产生活方式，用最传统的耕作方式种植小麦和玉米，并制作手工挂面。

二、苦心孤诣：钻研手工挂面工艺

南彦平返乡后潜心钻研了几个月，加上他从小就耳濡目染，有一定的基础，很快能够挂出令自己和父亲都满意的面。

手工挂面制作工艺繁杂，需要经过和面、醒面、搓条、上筷子、自然晾晒五个步骤，且每一道工序都不能马虎。每天下午，南彦平和父亲便开始准备和面，一盆面常常要揉一两个小时；面揉好后，便到了醒面的环节，冬季醒面时间较长，大约需要40分钟，夏季醒面时间则短一些，大约需要30分钟。

待面充分醒好后再搓条，经过三次揉搓后，面团变成直径1厘米的小条，再扑粉，盘入圆桶中，每盘一层，涂少许清油，从桶边盘至桶中心，由桶中心盘到边上，反复进行，直至盘完。

第二天早上，将挂面上竹，把面条的一段粘在竹枝上，边搓边均匀地在竹枝上左右来回缠绕，两根竹枝绕满时，便将手里的面条揪断，把断处粘在竹枝上，一帘子挂面就做好了。上午11点至12点是出面的时候，上了棍的面经过三次拉长，粗细均匀，便可以在阳光下晾晒了。

手工挂面工艺之"自然晾晒"

三、推陈出新：突破挂面的季节限制

传统的手工挂面只能够在冬春季制作，因为这两个季节无论是湿度和阳光，都是最合适的。为了突破季节限制，南彦平将家里的土坯房进行改造，将旧房的顶瓦拆下来，换成彩钢加夹芯板的三层顶，同时在原有的土墙外层加彩钢，在原来的土质地面层加砖块，这样一来旧房就不再漏风，同时达到冬暖夏凉的效果，更加有利于挂面的制作。这些创新举措得益于他早年在外做建筑工人的经历。

制作挂面的关键就在于对室内室外温度的精准把握，老房子改造完成后，已经具备了一定的环境条件，剩下的问题就需要通过挂面制作技术的改进来解决。

通过不断反复试验，南彦平终于有所突破。传统的手工挂面在搓条过程中是不加任何配料的，但是他经过探索发现，如果适当地加清油，可以使挂面更筋道，同时也有助于夏季的晾晒和保存，保鲜期也得以延长。为了解决季节性差异的问题，他通过不断摸索发现，冬季午饭时间一过便可以和面，而夏季则要晚几个小时，下午四五点之后开始和面，才能保证品质相同。

经过几年努力，他制作的手工挂面越来越受市场青睐，同时也带动了村里其他手工挂面制作的农户增收，此外还吸引了更多外出务工的年轻人回来一起创业，共同传承这份古老的工艺。

四、农商互联：学习众筹新本领

随着手工挂面工艺的日渐成熟和销量的不断增加，资金周转成为困扰南彦平的一个十分棘手的难题。

2016年4月，陇南市首届众筹扶贫大赛鸣金开锣。借助友成基金会慕课平台的学习，南彦平顺利完成了初赛1万元和复赛6000元的众筹目标，并获得大赛组委会颁发的"最佳文案奖"。2017年5月，陇南市第二届众筹扶贫大赛如期举行。南彦平把目标金额提高到 2 万元，最终以 261% 的支持率，筹集到 5 万多元金额的订单，并获得众筹扶贫大赛二等奖的好成绩。2016 年 10 月，非大赛期间，南彦平再次发起了 6000 元的农业众筹项目，同样也获得成功（见表 1）。

表 1　　　　　　　　　　南彦平的四次众筹

参加众筹大赛时间	目标金额（元）	完成金额（元）	支持率（%）	支持人数（人）	支持金额（元）	回报设置
第一次（2016 年 4 月 5 日）	10000	10258	103	23	无私支持	金额为 1 元、5 元、10 元
				35	128	8 斤装手工挂面 1 箱 + 干香菇 100 克 + 木耳 100 克
				8	380	8 斤装手工挂面 3 箱 + 干香菇 150 克 + 木耳 150 克
				3	628	8 斤装手工挂面 5 箱 + 干香菇 200 克 + 木耳 200 克
第二次（2016 年 5 月 24 日）	6000	6223	104	18	无私支持	金额为 1 元、5 元、10 元
				20	120	纯手工挂面 4 斤 + 土蜂蜜 250 克 + 紫皮大蒜 500 克
				4	180	纯手工挂面 8 斤 + 土蜂蜜 500 克 + 紫皮大蒜 1000 克
				8	350	纯手工挂面 16 斤 + 土蜂蜜 500 克 + 紫皮大蒜 1000 克 + 黑木耳 1 盒
第三次（2016 年 10 月 8 日）	6000	6002	103	9	无私支持	金额为 1 元、5 元、10 元
				27	68	纯手工挂面 4 斤 + 特产园根香酸菜 1 袋
				2	85	纯手工挂面 4 斤 + 老树核桃果 1 斤 + 特产园根香酸菜 1 袋
				28	138	纯手工挂面 8 斤 + 老树核桃果 1 斤 + 特产园根香酸菜 2 袋

续表

参加众筹大赛时间	目标金额（元）	完成金额（元）	支持率（%）	支持人数（人）	支持金额（元）	回报设置
第四次（2017年5月14日）	20000	52156	261	52	无私支持	金额为1元、5元、10元
				26	10	1次中奖机会（由众筹网官方抽出1名幸运用户获得传统肉臊子1瓶、手工挂面2斤、紫皮大蒜1斤）（不满100人按100人抽取）
				78	28	传统肉臊子1瓶
				62	48（限500人）	新鲜紫皮大蒜5斤
				89	88	8斤装手工挂面1箱
				76	118	8斤装手工挂面1箱、传统肉臊子1瓶、新鲜紫皮大蒜1斤
				12	248（限500人）	8斤装手工挂面2箱、传统肉臊子2瓶、新鲜紫皮大蒜4斤
				1	588（限500人）	8斤装手工挂面5箱、传统肉臊子5瓶、新鲜紫皮大蒜5斤
				12	1288（限200人）	8斤装手工挂面11箱、传统肉臊子11瓶、新鲜紫皮大蒜11斤

理论上，众筹项目的成功，不仅跟发起人信息和互动数据（项目访问量、评论数等）有关联，而且跟项目基本信息（项目名称、目标金额、众筹持续时间、图片数量、有无视频等）也密切相关。

回顾自己三次参与和组织手工挂面众筹的经历，南彦平总结出规律：在设置众筹回报时，有必要按照人们消费场景搭配其他配料。比如在第一次众筹中，搭配了干香菇和木耳；第二次众筹临近端午节，考虑到端午吃粽子的习俗，于是就加上了蜂蜜；在第三次众筹中，加了老树核桃果和酸菜；而在第四次众筹中，又配上了肉臊子。南彦平原本想自己开发臊子，但是碍于资金、精力等方面的问题，最终还是放弃了这一想法，转而与徽县一家做肉臊子的企业建立了合作供货关系。

四次众筹，让南彦平不仅募集到所需资金，还在很大程度上宣传和推广了成县手工挂面，并积累了大量忠实的用户。

五、投资建厂：挂面有了 SC 认证

南彦平制作的手工挂面好吃，受到了消费者的青睐，在陇南市境内的 10 多家超市上架销售。他还通过互联网渠道销售到兰州、西安、深圳、上海、新疆、内蒙古等地，把家乡的美食奉献给了全国消费者。

正当他对自己的创业充满信心之时，当地部分生产厂家出于经济利益考虑，以机制挂面代替手工挂面，也有的挂面生产厂家先他一步拿到了生产许可证，每斤挂面比他的便宜 2 元钱。

面对市场出现的新情况，南彦平陷入了沉思：自己由于坚持纯手工制作，工艺复杂，从制作到销售全过程只有自己亲力亲为，父亲年岁已大，只能偶尔从旁指导，单枪匹马，缺乏团队协作，产量

自然很难提升,市场销售停滞不前。面对越来越激烈的市场竞争,必须要改变!

南彦平在外工作了十几年,比一般的本地创业者们更有想法,但要实现举步维艰。2016年,他初步估算建厂需要50万元资金投入,自己本来就是白手起家,倘若没有足够的资金支持,想法再好也不能得以实施。

"扩大规模,投资建厂,申请SC认证",便成了他做出改变的对策。投资建厂,如何解决资金问题,发掘并放大自己的差异化是当时南彦平面临的一个比较棘手的问题。经过认真思考和努力对接,最终通过两个方面解决:一是寻求政府的政策扶持;二是以入股分红的形式联合当地更多的制作挂面的农户。

经过多方努力,南彦平在政府部门的帮助下,由陇南市金控公司担保、成县信用联社审批、成县沙坝信用社发放的"产业贷"20万元的贷款终于下来了,加上自己积攒的20多万元资金,建厂的基础资金已到位。2019年9月,南彦平满怀大干一番的创业之情,开始和同村请来的三四个工匠打地基。没有热闹的开工典礼,只有默默地擦着汗水和对未来的憧憬。

2021年3月,历时1年多的建设,南彦平400平方米的厂房终于拔地而起。新厂房设置了洗手、更衣、风淋、调粉、熟化、晾晒、截段、包装等生产车间,一应俱全,同时还建有参观通道、原料库、办公室和产品展厅等。为了能尽早成功申请SC认证,提高生产效率,南彦平在传统生产工序的基础上,积极借鉴现代面食加工工艺,配置了计量器、和面机、搓条机等设备,在不影响"手工"本色基础上,更换了面盆、面槽、面架、面板等基础设备,所有设施完全符合食品生产许可的标准。

开业不到半年,南彦平如愿拿到了自己挂面的 SC 认证。经过多年不懈的坚持和努力,南彦平终于实现了让祖祖辈辈传下来的挂面美食堂堂正正地走出陇南、名噪陇原的梦想。

2016 年 8 月,南彦平作为法定代表人发起成立成县野马湾种植养殖农民专业合作社,共吸引首期入股合作农户 40 多户,之后几年还吸引了更多的农户入股。

在生产标准和规范方面,南彦平主动对接,联合其他手工挂面生产厂家和农户,发起并成立成县手工挂面协会,规范生产标准,净化市场环境,提高整体竞争力。

成县野马湾挂面厂生产车间

六、就业工坊：非遗传承任重道远

北方人自古就有吃面的传统，尤其是西北人，能够制作出各种各样的面食，挂面就是其中一种。在陇南市的每个县区，基本都有若干个"挂面村"，他们靠着祖辈流传下来的手艺，让全县人都能享受这一舌尖上的美食，南彦平只是其中的一员。但随着社会经济发展和人们生活方式的改变，愿意学习这项技艺的人越来越少，手工挂面面临后继无人、濒临失传的风险。

南彦平看着父亲无奈和不甘的样子，决心一定要把自家几代人制作挂面的手艺传承下去，自己在做好挂面的同时，要想办法让更多的年轻人学习。他四处动员亲戚朋友，物色了好几个合适人选，但都被婉言拒绝了。他清楚，只有让大家通过手工挂面制作挣到钱，比打工收入更高，才会有人加入他的队伍，学习挂面技艺。

2021年，陇南市为了让更多本地优秀非物质文化遗产项目带动群众增收致富，推动乡村振兴，市文化广电和旅游局决定扶持创建一批"非遗就业工坊"。看到通知，南彦平积极申报，经过县有关部门初审、推荐，市级复审、专家评审，他的野马源挂面厂成为10个市级"非遗就业工坊"之一，这使他将挂面技艺传承下去增强了信心和动力。

技艺传承需要建立团队，融入现代企业管理理念。在团队方面，他通过设立专门的资金，将制作工艺精湛的面匠集中起来，向年轻一代传授制作技艺，同时通过聘请专业的设计、运营、营销团队不断加大电商运营力度，依托多平台销售，持续扩大品牌效应，开发出多种规格的新产品，设计多样的包装，满足不同人群的消费需求。

学习和传承民间技艺，仅凭兴趣和热情是不够的，还需要有敢想敢干、勇于探索的决心和信心。身为成县手工挂面的传承者，南彦平始终认为，创新是技艺的灵魂，只有通过不断地摸索与发展，才能将传统手工挂面技艺的精髓研究透彻，更好地与现代技艺结合，发挥民间美食的巨大魅力。因此，在每一次制作挂面的时候，南彦平和团队都会坚持以品质的提升、口味的多样化来满足现代人对美食的更多需求，同时包装上不断推陈出新，融入地方历史文化元素，赋予其浓浓的乡韵。

看着自己制作的手工挂面一件件发往全国，被千家万户品尝，南彦平对未来有了更多的期待，他把目光投向了小麦的种植端。手工挂面对于原料有独特的要求，本地种植的潘林小麦是最适合制作挂面的原料，只有潘林小麦磨成的面粉制作出来的挂面才劲道爽口。但是现在潘林小麦的种植数量越来越少，年轻人大多外出务工，只有家里的老人在种，源头供应不足会制约手工挂面产业的发展。

南彦平暗自下定决心：自己承包土地种植潘林小麦，把好源头关，自产自销，希望能够把手工挂面打造成为真正的产业链。此外，他还计划在成县县城开几家面馆，采用连锁的形式，以自己的手工挂面，再配上自制的臊子，既能够增收，又能够把自己的品牌打出去，还能为食客带来更好的美食体验，打造种、产、销的挂面全产业链。

【参考阅读】

潘林小麦，全称为 N-斯特拉姆潘列小麦，是一种优质高蛋白小麦。经过甘肃省农科院的权威检测发现，潘林小麦营养成分比较高，沉淀值更是高出其他小麦近十个百分点，磨制出的面粉已经具有很高的筋度，无须添加增白剂、增筋剂等化学药品，当地老百姓用磨的面粉做成手工空心挂面。

为了使手工挂面这一地方民间传统技艺进一步发扬光大、得到传承发展，南彦平在不断挖掘、培养新人。其弟子李对林、李懂懂、南小强都已出师，徒孙辈的一批"90后"新人也正在埋头学艺的路上苦心求学。

附录A：成县手工挂面工艺

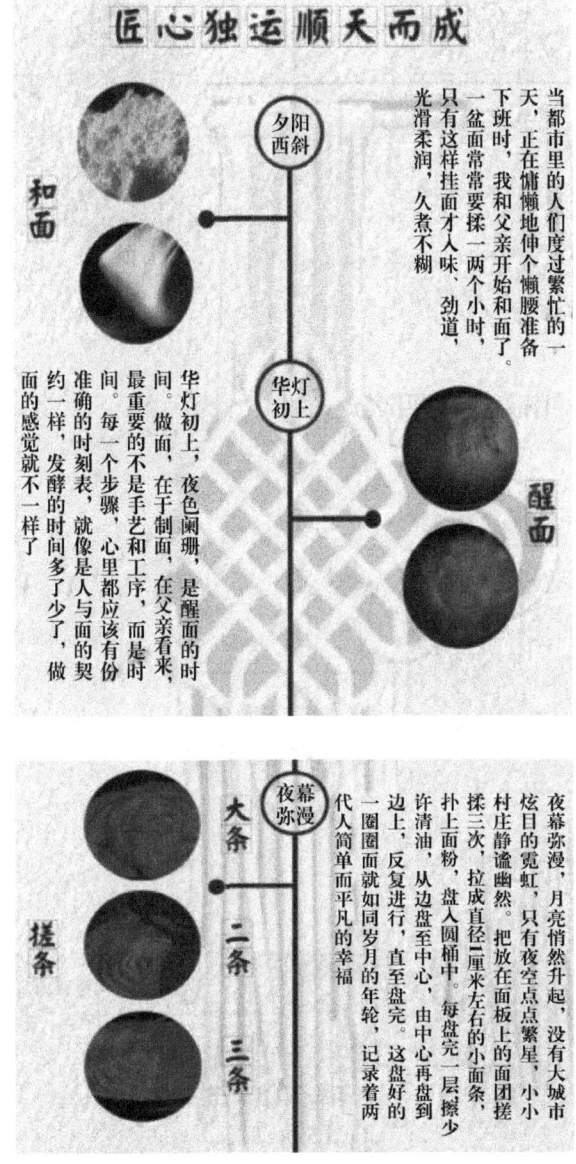

匠心独运顺天而成

和面 — 夕阳西斜

当都市里的人们度过繁忙的一天，正在慵懒地伸个懒腰准备下班时，我和父亲开始和面了。一盆面常常要揉一两个小时，只有这样挂面才入味、劲道，光滑柔润，久煮不糊。

醒面 — 华灯初上

华灯初上，夜色阑珊，是醒面的时间。做面，在于制面，在父亲看来，最重要的不是手艺和工序，而是时间。每一个步骤，心里都应该有份准确的时刻表，就像是人与面的契约一样，发酵的时间多了少了，做面的感觉就不一样了。

搓条 — 夜幕弥漫（大条、二条、三条）

夜幕弥漫，月亮悄然升起，没有大城市炫目的霓虹，只有夜空点点繁星，小小村庄静谧幽然。把放在面板上的面团搓揉三次，拉成直径一厘米左右的小面条，扑上面粉，盘入圆桶中。每盘完一层擦边上，反复进行，从边盘至中心，由中心再盘到许清油，直至盘完。这盘好的一圈圈面就如同岁月的年轮，记录着两代人简单而平凡的幸福。

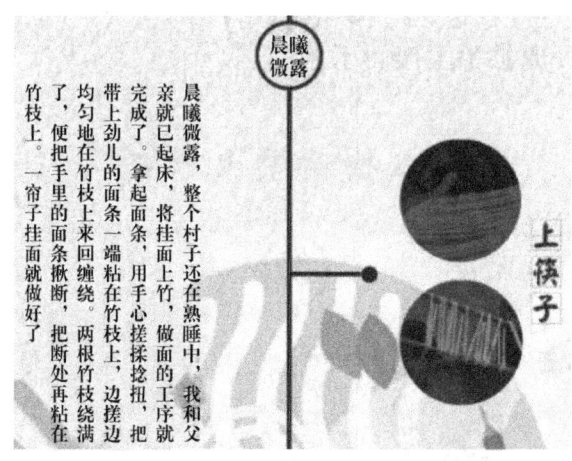

附录 B：南彦平的四次众筹

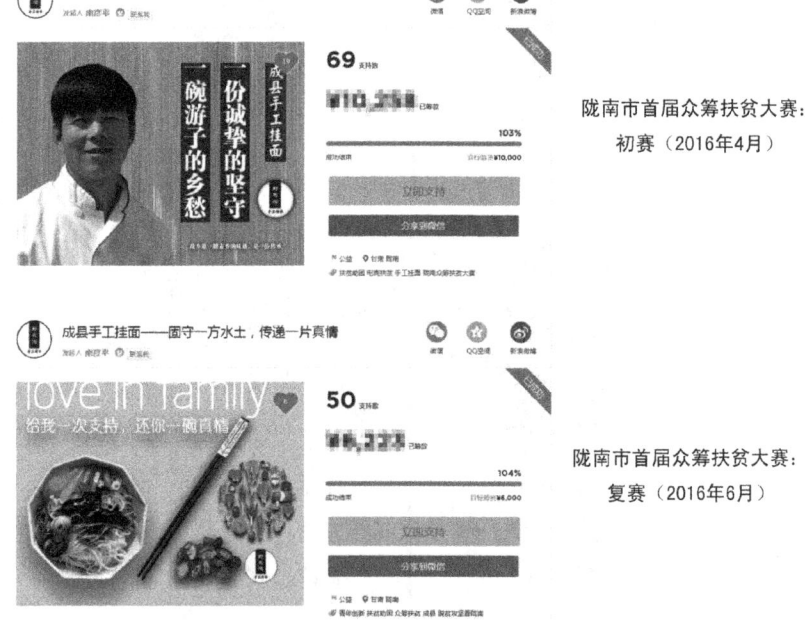

陇南市首届众筹扶贫大赛：
初赛（2016年4月）

陇南市首届众筹扶贫大赛：
复赛（2016年6月）

案例5 传承与创新：南彦平和他的手工挂面

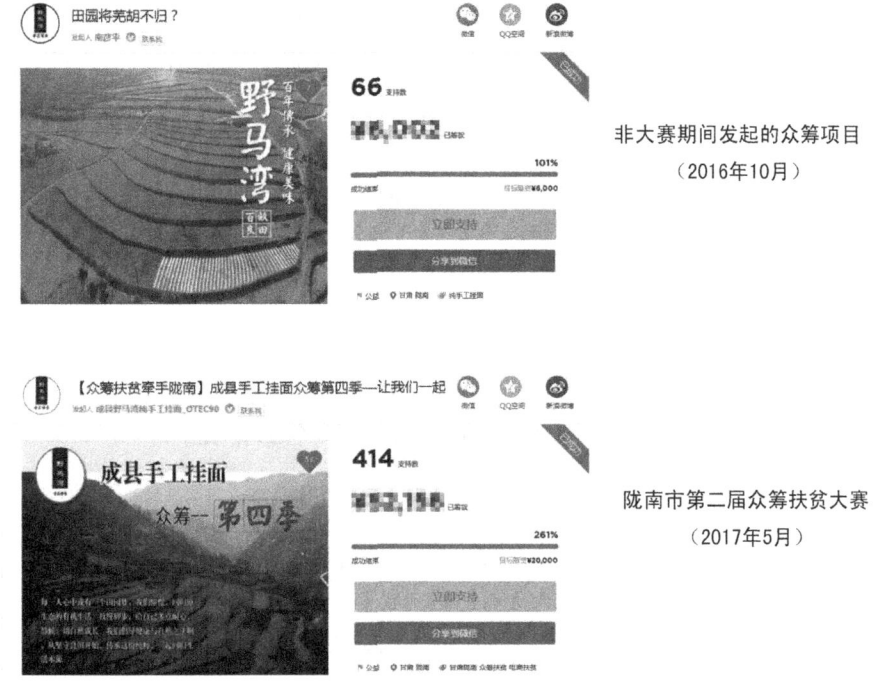

非大赛期间发起的众筹项目
（2016年10月）

陇南市第二届众筹扶贫大赛
（2017年5月）

附录C：入选陇南市"非遗就业工坊"

陇南市文化广电和旅游局关于"非遗就业工坊"创建结果的公示

根据《甘肃省文化和旅游厅 甘肃省扶贫开发办公室关于做好省级非遗扶贫就业工坊申报工作的通知》（甘文旅厅办字〔2019〕242号）精神，为了让我市优秀非物质文化遗产项目带动群众增收致富，推动乡村振兴，陇南市文化广电和旅游局决定创建一批"非遗就业工坊"。经过工坊申报，县（区）创建、筛选推荐、初审，市级复审，组织专家评审等环节，拟确定"非遗就业工坊"10个，现将工坊名单公示如下，接受广大干部群众监督。若发现有问题，可通过电话、来信、面谈等形式反映，我们将认真受理，及时调查核实。

一、公示对象

详见附件。

二、公示时间

2021年12月13日至12月17日，共5个工作日。

三、受理部门及联系电话

受理时间：上午8：30-12：00，下午14：30-18：00。

陇南市文化广电和旅游局

2021年12月13日

2021年度陇南市非遗就业工坊拟公布名单

序号	申报单位	工坊名称
1	成县	成县梁氏醋业有限公司
2	成县	成县野马源挂面厂
3	徽县	甘肃康元食品有限责任公司
4	徽县	甘肃兆丰农业开发有限责任公司
5	康县	康县新新茶叶种植农民专业合作社
6	礼县	礼县给娃手工艺品店
7	文县	文县达嘎贝民族服饰创新坊
8	武都区	陇南市原味香绿色农产品开发有限公司
9	武都区	窑坡瓦当脊兽烧制
10	宕昌县	宕羌陶艺坊

附录D：融入非遗元素的挂面包装

附录E：手工挂面传承谱系

李对林

南生福→南占国→南志玉→南彦平→李懂懂

南小强

新时代陇南个体网商实践案例

媒体报道

○ 南彦平,成县"野马湾"品牌创始人。他的家乡沙坝镇沙坝村是一座远近闻名的手工挂面村,乡民运用传统手工工艺制作挂面历史悠久,到他家这一代已是第四代传承人。百年坚守,只为家乡的味道。他在继承传统手工挂面制作工艺的基础上,改进制作工艺,研究出一套生产技术,突破了手工挂面只有冬天才能制作的局限性。2015年3月正式注册了"成县野马湾挂面厂"。2016年4月5日,南彦平参加了陇南市第一届众筹扶贫大赛,获得"最佳文案奖"。2017年参加了陇南市第二届众筹扶贫大赛,获得二等奖。2018年荣获中共成县委员会、成县人民政府"脱贫攻坚先进致富带头人"荣誉。2019年中共成县委员会、成县人民政府授予成县野马湾手工挂面厂"传统企业转型电商新秀奖"。2020年,中共成县委员会、成县人民政府授予成县野马湾手工挂面厂"电商奉献奖"。

近四年来,南彦平通过微信、网络众筹、抖音、陇小南商城直播带货,销量连年上升。去年又新建了生产车间,吸纳22人就业,包括留守妇女5名、建档立卡贫困户10户,高于市场价回收农户潘林小麦40户。

资料来源:陇南成县发布,https://mp.weixin.qq.com/s/PDbzToOoXDixzjiTVMKIxQ。

案例5 传承与创新：南彦平和他的手工挂面

● 成县野马湾种植养殖农民专业合作社，成立于2016年8月17日，位于成县沙坝镇沙坝村，注册资金60万元，占地2.5亩，建筑面积900平方米。现有社员40余人，生产技术管理人员3人。合作社是一家集农产品种植、收购、加工、销售为一体的农业专业合作社。

合作社坚持以市场为导向，围绕传统手工挂面特色产业发展为目标，实现农村资金、技术、劳动力等生产要素的优化配置，通过为贫困户进行购销、信息服务及技术指导，促进产业结构的改变。合作社自成立以来，年均带动当地10多户贫困户户均增1万~3万元，吸纳22人就业，其中，留守妇女5名，建档立卡贫困户10户；以高于市场价的价格定期收购40户农户潘林小麦。

四年来，合作社紧抓成县大力发展农产品电商的机遇，通过淘宝、微信、网络众筹、抖音等电商平台及陇小南商城、尚呱呱等本地电商平台，不断拓展销路，销售量连年上升。其中，2016年销售收入达35万元；2017年销售收入达46万元；2018年销售收入达54万元；2019年销售收入达68万元。目前，经过逐步发展，合作社在整个县区已形成较大的影响力，具有较高的市场信誉。

资料来源：携程旅行，https://you.ctrip.com/travels/chengxian829/4031577.html。

案例 6

逆"虹吸效应":外乡人张哲豪的陇南电商创业记*

在陇南众多优秀的电商创业者当中,张哲豪是少有的"外乡人",他早年来到武都区工作,后来偶然的机会选择了电商创业,建立了自己的品牌,重点推广销售橄榄油、花椒等优质特产,并且与武都区邮政分公司实现战略合作,并开展源头种植,让创业项目深深扎根。

他多年来的探索和取得的成绩,实现了逆"虹吸效应",说明在原本闭塞的地区,政府只要深入推进"放管服"改革,为各类型市场主体提供优越的营商环境以及相应的扶持政策,就一定能够带动形成良好的干事创业氛围。

---

* 本案例由郝志强撰写,作者拥有著作权中的署名权、修改权、改编权;本案例的撰写及发表已取得相关企业及案例当事人授权;由于企业保密的要求,在本案例中对有关名称、数据等做了必要的处理;本案例仅是关于企业发展历程的描述与讨论,并无意暗示或说明某种管理行为是否有效。

案例 6　逆"虹吸效应"：外乡人张哲豪的陇南电商创业记

过去 10 年，陇南电商从零起步，蓬勃发展起来，涌现出了一大批实干的本地创业者、返乡创业者，还有一些从外地前来扎根发展的创业者，四川人张哲豪就是其中的优秀代表。尽管他开始全职电商创业时间并不早，但发展很快，除了以线上渠道为主外，还努力探索线下门店，与邮政武都区分公司展开战略合作，并开展源头种植，使产供销一体化。几年来，他带领团队坚守初心，不断抉择，产品销售规模持续扩大，"陇韵陇味"的品牌深入人心。

张哲豪努力创业成功的背后，正是陇南电商模式不断趋于成熟，市区两级政府部门优化营商环境，主动"筑巢引凤"，提供好的土壤和养分，切实培基固本的结果。为了真正吸引广大年轻创业者长久地扎根下来，夯实当地的产业发展基础，分析这一逆"虹吸效应"及其蕴含的价值非常必要。

2023 年 2 月，陇南市武都区的春天来得格外早，草木萌发、春意盎然，一切都是新的开始。

张哲豪和团队的伙伴们忙了一整天，完成了几百份团购特产礼品的打包和发货，大家虽然疲惫，但很开心：往年春节后很长的一段时间里，一般都是特产销售的淡季，而今年却淡季不淡。

望着邮政快递的车辆驶出院子，即将发往客户的手里，张哲豪很欣慰，经历了过去几年不可控因素带来的困难，他坚信 2023 年会是充满希望和收获的一年。回顾自己来到陇南十几年来工作、创业和扎根的经历，往事不禁涌上心头……

一、结缘陇南

张哲豪出生于1990年,四川省内江市人。2010年,家乡一个房地产开发公司项目落地到陇南市武都区,他跟随亲戚前来,负责办公室行政工作。第一次远离家乡,尽管有点距离,但两地气候相近,物产相似,人文相通,他很快适应了下来。

十几年前的陇南,网购已经兴起,张哲豪喜欢在淘宝选购一些商品,也帮助公司同事在网上购物。

一个偶然的机会,他从当地朋友那里得知陇南是全国最大的油橄榄种植和加工基地所在地,便萌发了通过淘宝店铺销售橄榄油的想法。经朋友介绍,他对接到陇南市田宇油橄榄开发有限责任公司,由厂家直接供货,他和另一位同事合作,2012年11月,在淘宝开通了店铺"西部原生特产",主要销售田宇品牌的橄榄油。

店铺开通后,很快就有了第一笔订单,之后几个月内陆陆续续卖了几十单。张哲豪初次尝试电商销售便取得了令人鼓舞的成绩。

2013年年底,受到陇南市大力发展农村电子商务的影响,凭借自己之前对电商的信心以及店铺销售打下的基础,张哲豪继续加大店铺运营力度,主动拓展和寻找其他优质的农特产品,努力学习店铺设计和视觉营销知识,店铺的订单量和销售额不断提升。2014年店铺销售额超过10万元,并且荣获"陇南市优秀网店"和"武都区优秀网店"等荣誉,这些成绩给当时还在兼职创业的他以极大的鼓励。

案例 6 逆"虹吸效应":外乡人张哲豪的陇南电商创业记

功夫不负有心人,2015 年至 2017 年,张哲豪的店铺销售额逐年增长,2017 年淘宝单店销售额突破 120 万元。2014 年至 2021 年,店铺连续七年获得陇南市武都区"优秀网店"的荣誉,2018 年张哲豪被陇南市电商协会聘为"陇南市电商扶贫讲师",2019 年其店铺又被甘肃省商务厅评为"全省电商扶贫优秀网店"。截至目前,其淘宝店铺已经达到 3 个皇冠的信誉等级,销售额保持稳定,各项动态评分数据均大幅高于同行店铺。

张哲豪创业的初期,适逢陇南市大力推动农村电商发展,鼓励个人创新创业,他敏锐地把握到其中的商机,倾注了很多的心血和精力经营自己的店铺,后来还在微店、拼多多和邮乐购等平台开通店铺,实现多渠道销售,开始布局电商供应链体系。

二、电商创业

2017 年 5 月,为了更好地拓展业务,张哲豪重新组建团队,注册成立陇南慧通电子商务有限公司(以下简称"慧通公司")。

2018 年 4 月,拼多多平台的农产品销售涨势迅猛,他敏锐意识到了其中的流量红利,及时在拼多多平台上开设了两家店铺,一家以农特产品为主,一家以蔬菜生鲜为主。店铺开通当年,合计销售额突破 150 万元。

2018 年 11 月,为了更好地整合资源,实现品牌化长远发展,张哲豪注册商标"陇韵陇味",可适用于蜂蜜、花椒粉、粉丝、粉条、挂面、茶叶、果醋和食用淀粉等十几个类目，为今后更多产品的自有品牌建设奠定了基础。

2018年12月，经过慎重考虑，他正式辞去了房地产公司的工作，决定全职投入电商创业当中，重点打造陇南农产品供应链服务体系，力争品类覆盖陇南市八县一区的主要地标性产品。

早在刚来陇南工作时，他就被高速公路上"中国油橄榄之乡"的广告牌吸引，因此在创业初期，张哲豪重点经营橄榄油产品，与武都区几家生产企业建立了供货合作关系，不同品牌和规格的产品为线上顾客提供了更为丰富的选择。

除了橄榄油，慧通公司还重点经营武都大红袍花椒，2018年至2019年，与武都区安化镇包家沟村30多户贫困户签订助农帮扶协议，以高于市场价5%以上的价格收购，带动户均增收1000元以上。截至目前，公司通过线上线下渠道累计销售大红袍花椒近500万元。

慧通公司还经营木耳、香菇、核桃、酸菜、蜂蜜和中药材等陇南各区县的优质特产，既可以由厂家代发，也可以通过公司自己的仓储独立发货。通过严格的品控、线上线下相结合的供应体系以及优质服务，慧通公司得到了生产厂家的充分认可和广大顾客的好评，团队规模也不断扩大，实现了有序分工和团结协作。

三、精耕细作

张哲豪在电商创业初期，定位自己的公司为：销售陇南当地的

案例6 逆"虹吸效应":外乡人张哲豪的陇南电商创业记

原生优质特产,与淘宝店铺的名称一脉相承。在产品销售有了一定规模以及电商运营步入规范化时,他开始考虑提供更多的服务,承担应尽的社会责任,特别是积极参与脱贫攻坚和乡村振兴,实现电商扶贫和助农增收,帮助更多与他有同样情怀和理想的从业者。

2018年,张哲豪参加中国国际电子商务中心举办的T1级电子商务讲师培训,成为一名陇南电商扶贫讲师。从此他花费很多精力为各地的电商创业培训班授课,主讲的课程除了淘宝店铺运营外,还有农产品上行销售策划和营销矩阵搭建等。

张哲豪为助农电商培训班授课

既要"走出去",还要"引进来"。2020年至2021年,云南省元谋县、牟定县以及甘肃省庆阳市正宁县等先后组织考察学习团,来陇南市康县、成县和武都区等地,实地参观调研,学习陇南电商发展模式。张哲豪向考察团同行们介绍自己的创业经历,讲述农村电商的发展模式和成功经验等,理论联系实操,重点输出和推荐

"陇南模式"。

除了产品销售和电商培训，慧通公司还开展美工视觉、客服托管等电商周边业务，为其他初创业的同行提供所需的服务，发挥团队的专业优势，同时也能增加额外的收入。张哲豪深谙电商是系统工程，要想让自己的创业项目长久地持续下去，一定要从实际出发，多渠道经营，尽量拓展电商服务的广度和深度。

从横向比较可以看到，在陇南众多的电商从业者当中，既有单一销售产品的，也有主要经营渠道的，像张哲豪这样选择从事多个服务领域的并不多见，这是他从自身资源特点出发做出的可行性选择。他创业道路上的数次选择，给我们一个深刻的启示：在企业经营过程中，电商创业者一定要明确自己最大的优势在哪里，是货源、渠道还是服务？只有充分聚焦，扬长避短，有所取舍，才能有效避坑，不断增强市场竞争力，提升创业成功的概率。

2020年以来，尽管受到外界不利因素的影响，但慧通公司订单量和销售额继续保持增长。着眼于持续创业和未来助力乡村产业发展的目标，张哲豪带领团队在构建供应链、异业联盟和产供销一体化等方面接续努力。

四、构建供应链

陇南市农副产品种类丰富，而且大多处于原生状态，但受限于经济发展水平和相对闭塞等客观条件的限制，过去长期以初

案例6 逆"虹吸效应":外乡人张哲豪的陇南电商创业记

级货源的形式销售,附加值普遍较低,农户和生产型企业的利润率不高,产品的标准化程度更低,与全国同类型产品相比竞争力不足。

经过几年的电商运营,张哲豪和他的团队深刻地意识到,没有标准化就没有附加值,也很难从根本上解决品控的问题。因此,从2019年至今,他们采购初级农产品,进行委托加工和二次分装,设计自营包装和OEM(代工)定制化,通过商标"陇韵陇味"推向全国市场,取得了很好的经营成效,仅大红袍花椒就销售了20多吨,同时还尝试为陇南当地的松子、野生猕猴桃和蜜橘等产品设计包装,通过线上渠道销售。

张哲豪和团队设计的武都精品花椒

从初级农产品到适合市场销售的商品,有一道鸿沟需要逾越,就是商品化、标准化和品牌化,而广大农户和大多数生产型企业并不具备这方面的能力。电商从业者洞察线上消费者的需求,对产品生产、加工和包装等领域产生反向机制，引导和带动众多生产型企业树立品牌意识，改进产品包装，开发出适合市场销售，特别是面向直接消费者的更有体验感的商品，取得了很好的市场效果。这些新网货如同雨后春笋一般，在线上线下广泛销售，成为陇南电商模式的亮点之一。

除了自营销售，张哲豪和他的团队还为其他线上合作伙伴和电商平台提供"一件代发"等服务，积极对接面向大型企业的集中采购，结合线上保持稳定的销售，使得整体的销售规模稳中有升，实现线上线下协同发展。

五、异业联盟

张哲豪创业初期，在武都区电商中心的指导下，公司注册地选择在武都区城关镇吉石坝新区的东盛物流园，园区为他们提供了免费的办公室和仓储间。随着订单量增加以及线下业务不断拓展，加之吉石坝新区交通相对不便，物流成本较高，商品销售价格与省外同类型产品相比竞争力不足。为了解决这一问题，他将办公室搬迁到陇南市电商产业发展中心，仓储暂由东盛物流园代发。

2020年年底，受中国邮政集团有限公司武都区分公司邀请，双方经过多次协商沟通，确定战略合作，签订合作协议，慧通公司为邮政武都区分公司运营武都邮政电商平台（包含邮乐网及直播带货等），同时经营线下门店等。

案例6 逆"虹吸效应": 外乡人张哲豪的陇南电商创业记

张哲豪与邮政武都区分公司合作开设的门店

双方开始合作后,张哲豪和团队梳理出全市200多款优质农特产品的目录,重新拍摄和制作视觉素材,开始采购和上架销售。2021年12月,中国邮政"武都邮政电商运营中心"和"武都特色农产品展销馆"线下门店正式开业,由慧通公司独家运营。邮政武都区公司为慧通公司提供了办公室和仓储间,有效解决了线下销售和仓储发货的问题。作为条件,张哲豪每年要确保完成固定数量的快递发货任务。

这一合作方式,是电商企业与邮政快递企业的异业联合,既能有效整合资源,也能降低双方各自的成本。在洽谈合作初期,张哲豪也有过顾虑,担心发货任务达不到合作方要求的数量,反而增加了运营成本。但经过慎重考虑,最终他还是决定合作,一方面补充线下展示和销售的缺失,另一方面联合邮政公司响应国家助力乡村产业发展的号召;同时也能给自己和团队设定目标,变压力为动力,通过"自营店铺+第三方合作伙伴"等渠道，努力增加订单量，而且订单越多，实际运营成本越低。

一直以来，仓储、物流等成本始终是制约电商快速发展的重要因素，张哲豪通过与邮政武都区分公司的异业联合，让双方均能受益。这一合作方式，值得其他电商从业者借鉴，探索出在相对偏僻地区电商企业与快递企业协同发展的有效模式。

六、产供销一体化

2020 年以来，张哲豪和他的团队深刻分析自己的业务模式，意识到单一从农户那里收购、生产或通过厂家供货，难以从根本上解决产品溯源和质量保障的问题。因此，2021 年开始，他投入资金，通过与其他股东合作，承包了 100 余亩花椒树的管护，首次尝试了源头种植和全产业链布局。

电商企业，特别是主要从事产品线上销售的电商企业，很少直接涉猎种养殖这类重资产而且存在一定风险的领域，所以这一选择刚开始并没有得到团队成员的一致认同。

张哲豪是有长远考虑的创业者。他认为，自己种植可以降低产品收购的成本，而且在全过程的管护过程中，能够有效地控制产品质量。此外，在花椒树的全生命周期，可以拍摄生长过程中的照片和视频，为电商视觉运营提供真实原创的素材，成熟的时候还可以开展直播带货，全景展现种植和采摘场景，更好地为商品销售引流。

案例 6　逆"虹吸效应"：外乡人张哲豪的陇南电商创业记

在农业产供销环节中，种养植始终是投入大、成本高和有一定风险的细分领域，对于大多数电商从业者来说，重点是放在线上渠道经营上，但如果适当将一部分精力投入源头端的种养殖，也有利于更加了解产品，降低采购成本，打造自有的种养植园区，产品的品质也能得到有效管控。

因此，这一模式值得有一定实力的电商从业者借鉴。如果可以实现一定的盈利，或者至少在不亏损的前提下，完全有条件把种养植园区打造成为农文旅融合发展的基地，将线下采摘、农事体验和旅游观光等新业态集中呈现出来，助推当地农业产业振兴。这也是电商推动其他行业协同发展的有效模式之一。

七、逆"虹吸效应"

在创业道路上，一切成果都是有志者和奋进者努力拼搏的里程碑。截至目前，慧通公司已发展成为集"多平台线上渠道+线下门店+自有种植园区+电商供应链"等服务于一体的综合型电商企业。张哲豪所产生的逆"虹吸效应"，真是"栽下梧桐树，引得凤凰来"，让人赞叹曾经偏僻落后的地方也能让外乡人扎根发展，也让我们深刻体会到陇南电商发展模式长盛不衰的生命力和吸引力。面向未来，张哲豪和他的团队并没有满足于现状，决心继续扎根陇南，始终不忘"西部原生特产"的初心，做出更具可行性的抉择，同时考虑拓展新的业务发展区域。

2022年，张哲豪的女儿出生了，其妻子是武都区本地人，他很欣慰自己成为陇南人的女婿。这里是他曾经的异乡，也是过去十年多来扎根创业和努力打拼的地方，更是收获蓬勃事业、甜蜜爱情和幸福家庭的第二故乡。

我们相信，随着国家持续推动乡村振兴的各种政策落地实施，有着多年电商从业经历的张哲豪和他的团队，一定能够抓住政策红利，始终保持市场敏锐性和前瞻性，始终明确自己的优势资源，加上对陇南这片热土的浓浓情怀，在未来的电商创业征程中，还将取得新的成就，探索出更多具有可行性的发展模式。

媒体报道

张哲豪，四川内江人，2010年大学毕业后签约家乡的一家房地产开发公司。因为当时公司在武都有个项目，于是，他来到了武都。2010年来武都的路上，他无意中发现一个路面标示"中国最大的油橄榄之地"，这个一直怀揣创业梦想的热血青年，当时就在想：能不能在淘宝开一个自己的网店，通过网络把武都的橄榄油推向全国各地。说干就干！开店首先得解决产品、货源。经朋友介绍，张哲豪联系到田宇油橄榄的销售经理，了解到田宇橄榄油的产品、供货价和相关细节后，便达成承诺，由田宇给他供货。

2013年年底，在武都区政府号召大力发展电子商务的背景下，张哲豪有了为发展电子商务搭建的网络供货平台，有了电商协会的

案例6　逆"虹吸效应"：外乡人张哲豪的陇南电商创业记

交流学习平台，再加上之前学习的一些电商运营技巧，在再次着手网店建设时，他觉得容易了许多。2014年3月，他的网店"西部原生特产"终于又开始正常运营了。在他不断精心经营下以及"淘宝中国特色甘肃馆"3个月的活动对产品的推广，网店终于突破了1钻，这给了他极大的鼓舞。

今年，他又开始从事电商扶贫工作，主要帮助安化镇包家沟村贫困户销售以花椒为主的农产品，以高于市场价5%的价格收购贫困户家中的花椒，再进行销售，与包家沟村6户贫困户签订协议，收购花椒2000斤，实现贫困户家庭人均增收320元。现筹备组织相关贫困户成立农民合作社，为长期脱贫寻找新出路。

资料来源：陇南市武都区人民政府，https://www.gslnwd.gov.cn/zwzx/wdyw/11185293.html。

● "大家好，欢迎来到我的波波间，最近我们武都2022年的大红袍花椒已经开始采摘上市了，如果您想吃到最正宗、最好吃的花椒，那武都花椒一定是您最好的选择。"最近几天陇南慧通电子商务有限公司的负责人张哲豪，正忙着在自己的直播间里向广大网友推介武都花椒。他说："每年7月份是我们武都花椒采摘上市的时候，每到这个季节都有很多我们的老顾客等着在直播间里买花椒。为了让大家更多地了解武都花椒，我们经常也会在花椒地里进行直播，让网友们能够更加近距离地体验到武都花椒的品质。现在我们公司每年仅花椒的销售额就有200万~300万元；同时我们也带动了安化镇包家沟村的30多户贫困户，以高于市场价5%的价格收购他们种植的花椒，户均增收1000元以上。"

资料来源：武都新闻网，http://www.wudu.gov.cn/html/2022/wdkx_0712/12013.html。

●9月7日至8日，渭源县国家电子商务进农村综合示范工作领导小组安排召开了渭源县国家电子商务进农村综合示范工作推进会暨电商业务提升培训会。各乡镇电商工作分管领导、电商专干、大学生村干部、网店经营人员、返乡务工青年、未就业大学生、退伍军人等有意从事电商行业的人员，约200人参加电商业务提升培训会。

在电商业务提升培训会上，国扶办友成企业家扶贫基金会电商导师赵炎强、陇南市武都区电子商务中心讲师马旭辉、甘肃慧通电子商务有限公司总经理张哲豪分别从众筹扶贫在农村中的应用、农产品微营销、电商平台的介绍及淘宝开店及运营技巧等方面做了详细讲解。这次培训会议，进一步提升了学员的电子商务业务能力水平，夯实了我县电商产业发展的基础。

资料来源：渭源县人民政府，http://cnwy.gov.cn/art/2017/9/21/art_902_565828.html。

案例 7

与电商共舞：王惟真的美丽事业[*]

与大多数陇南电商创业者相同的是，宕昌县王惟真也是返乡归来；而不同的是，她最初选择的是"美丽事业"，通过短视频和直播展现家乡的自然风光，取得了一定成绩后，将流量进行转化变现，正式开始电商推广运营。在产品设计方面，她和团队大胆创新，面向顾客需求和消费场景等，与当地生产型企业合作，实现 OEM（代工），打造自有品牌，让"美丽事业"持续与电商共舞。

2013 年以来，陇南电商快速起步，不断发展壮大起来，既带动了当地青年创业就业，也吸引了许多优秀青年从外地返乡创业，并

---

[*] 本案例由郝志强撰写，作者拥有著作权中的署名权、修改权、改编权；本案例的撰写及发表已取得相关企业及案例当事人授权；由于企业保密的要求，在本案例中对有关名称、数据等做了必要的处理；本案例仅是关于企业发展历程的描述与讨论，并无意暗示或说明某种管理行为是否有效。

且努力打拼出了一片属于自己的天地，宕昌人王惟真就是其中的佼佼者。

大学毕业后，王惟真曾经在北京工作好几年，由于工作的原因还多次出国演出。一个偶然的机会，她回到家乡，先是考取了中学教师的工作岗位，之后在陇南市推动公务员和事业编制人员离岗创业的政策鼓励下，创业干事的激情被点燃。

刚开始，王惟真选择的创业领域是短视频。在这个赛道小有成就后，她开始尝试直播，宣传和展示家乡的美丽风光，同时也开展带货销售。经过一段时间尝试，订单量有了一定规模时，她又带领团队开始设计产品，委托当地的中药材加工企业和合作社进行代工生产，大力推广自己的品牌，在县域范围内形成了良好的供应链合作体系。

2023年3月的一个夜晚，地处高原山区的宕昌乍暖还寒，晚间的气温降到了0度以下。王惟真和团队的两位同事刚刚共同完成了一场4小时的直播，尽管很累，但她们还是像往常一样，按计划开始统计当天的销售情况，计算库存剩余量，考虑接下来的采购量，并且对整个直播过程进行复盘总结，安排明天打包发货等事宜。

这样紧张而又忙碌的直播带货，是她们日常电商运营工作的常态，坚持几年下来，已经成为一种习惯。

除了直播，短视频也是王惟真和她的团队很擅长的领域。在微信视频号和抖音平台上，那些制作画面精美、搭配适合的背景音乐的作品，既展现了宕昌县独特的自然风光和民族文化，又为产品直播带货提供了很好的流量入口,有的视频收获了 1.8 万个赞。作品数量虽不算多,但给她带来了超过 3.1 万名的粉丝量。

王惟真是如何进入这个领域的?为什么能在短时间内脱颖而出,实现差异化发展?

一、舞者归来

宕昌县位于甘肃省陇南市西北,地处青藏高原边缘和西秦岭、岷山两大山系支脉的交错地带,境内多高山,长久以来交通并不便利,曾经是陇南市贫困面很大、贫困程度很深的县区之一,当年打赢脱贫攻坚战的任务极其艰巨。

著名的国家 5A 级景区官鹅沟就在县城城郊。王惟真出生在这座美丽的小城,并且在县城度过了童年的时光。小学二年级时,跟随父母去了陇南市武都区继续上学。2003 年参加高考,以优异的成绩考上了首都师范大学舞蹈专业。

【参考阅读】

官鹅沟国家森林公园,位于甘肃省陇南市宕昌县城郊,由官珠沟、鹅嫚沟、木隆沟、庙沟等景区组成,总面积 4.2 万公顷。2003 年被确立为国家森林公园,2007 年被评为国家 4A 级旅游景区,2014 年被确立为国家地质公园,2022 年 7 月,被确定为国家 5A 级旅游景区。

官鹅沟国家森林公园集森林景观、草原景观、地貌景观、水体景观、天象景观等自然景观和人文景观于一体，湖泊如珠、峡谷如线、瀑布如织，动植物分布多样，生态环境优美，自然景观奇特。此外公园内居住有藏、羌民族3000余人，他们保留着独特的服饰、风俗，亦是民俗游的好题材。

大学毕业后，王惟真成为北京青年艺术团的舞蹈演员，后来转岗为专业的舞蹈老师。在北京工作期间，她曾经随团前去十几个国家参加演出，展现东方舞蹈风采，促进中外艺术交流。多年后王惟真回忆起这段宝贵的经历，觉得东西方不同文化的碰撞交融，不仅丰富了自己的阅历，开阔了眼界，也为日后电商创业过程中改进产品设计积累了一定的灵感。

2013年以来，陇南电商蓬勃发展，王惟真也在这一时期返回自己的家乡。阔别整整十年，当初那个稚气未脱的少女，不但完成了学业，而且在舞台上取得了优异的成绩。回到家乡后，她先是考取了事业编制，成为一名中学教师，走上三尺讲台，反哺和回报自己的家乡。

一个偶然的机会，王惟真了解了陇南市针对公务员及事业编制在岗人员的离岗创业政策，对此很感兴趣，内心干事创业的激情被点燃，家人也很支持。经过慎重考虑，她选择离岗创业，但是究竟从事哪个行业呢？

二、短视频和直播的美丽事业

王惟真坦言,自己其实性格有点内向,而且刚开始并没有明确的方向。一次游览官鹅沟国家森林公园时,她被眼前绚丽多彩的景色深深吸引,于是就拍摄下来,经过简单剪辑后发布到互联网,受到广大网友的点赞好评。这给当时还在抉择创业领域的王惟真极大的鼓励,原来真正有价值的创业素材就在自己的身边。

从那以后,王惟真将短视频作为首选创业方向,主要通过微信视频号发布,这一私域流量为她带来了源源不断的播放量和关注度。后来她与宕昌县本地的旅行社和酒店等商家合作,为他们拍摄和制作专业的短视频,获得了创业以来第一份宝贵的收入,从而受到了极大的鼓舞。

短视频作品得到广大粉丝青睐后,大家鼓励她直播带货。于是,从2019年开始,她和妹妹还有其他两位姐妹,把自己家的客厅稍做改造就变成了直播间,主要通过微信视频号平台直播。由于有一定粉丝量和短视频播放的引流,直播间的人气很快高涨起来。当时销售的产品主要有衣服、零食和当地药材等,每晚坚持两到三小时,能带货二三十单,在直播带货早期的红利期,取得了令人满意的效果。

经过一段时间的直播,王惟真还把直播间搭建到户外,选择了官鹅沟大景区,她和团队的女孩子们穿着独具特色的藏羌民族服饰,置身于美丽的自然景色中,形成了一幅相得益彰的画卷。通过这些直播活动,她们还帮助一家制作非遗服饰的工坊打开了新的销售渠道,顾客可以下单购买这些服饰,也可以租用。王惟真和她的团队通过互联网既取得了很好的经济效益,也展现了藏羌民族的独特文化。

王惟真和团队姐妹在官鹅沟景区拍摄短视频

在宕昌众多电商从业者当中,王惟真是较早从事短视频营销和直播并且快速实现变现的创业者之一。2020年上半年,陇南市各县区党政领导走进直播间,助力当地企业和农民专业合作社开展电商销售时,王惟真作为有一定经验的电商主播,也积极参与,通过这一新的营销渠道,为当地宣传和产品上行销售作出了积极的贡献。2021年4月,她被授予"陇南公益直播形象大使"的光荣称号。

通过参与公益性直播带货活动,王惟真和团队将短视频、直播与电商销售相结合,取得了很好的转化效果。这一美丽事业在实践中大胆尝试所取得的成绩和积累的经验,让她们明确了接下来转型的方向。

三、流量变现

经过几年短视频运营和直播带货尝试，王惟真坚定了将家乡优质特产通过电商销售的信心。2021年5月，她发起成立甘肃惟真网络科技有限公司，除了线上销售当地农副产品，还开展互联网直播、文化创意等电商周边服务项目。

在正式开始电商创业前，王惟真和团队组织了一次线下销售。2021年春节前夕，她们批发了一些年货，尝试通过摆地摊的形式销售，短短几天内取得了很好的效果，在起步阶段锻炼了团队的沟通、协作和销售能力，增强了她们的信心和凝聚力。

公司注册地址在宕昌县电子商务公共服务中心。得益于国家电子商务进农村综合示范项目及后续帮扶政策的扶持带动，电商中心不仅为她们提供了免费的办公场所，而且还为每位主播提供一个独立的直播间，各种专业设备可以随时使用，这为初创团队节约了大量的资金。

王惟真带领团队走遍了宕昌县20多个乡镇，详细了解县域内的特色农副产品和中药材等。她们收购合作社和农户种植的黄芪、党参、当归等药材，简单包装后直接进行销售，给予农户最高的收购价，助力农户收入增长。她们组织直播活动，将药材采挖、粗加工和包装的全过程通过互联网实时传播，让更多重视养生保健的消费者充分了解产品源头，掌握真正天然药材的识别方式，也让这座长久以来闭塞偏僻的小城为更多人所熟知。

王惟真开展直播带货活动被甘肃卫视报道

但是，当时宕昌县大多数的中药材还是以整根或者切片的方式销售，包装则是牛皮纸袋或者塑料袋，体验感一般，与省外同类型产品相比没有特点和差异化，因此附加值始终难以提升。

王惟真和团队敏锐地发现了这一点，不甘心只是将家乡优质的药材以最初级的方式销售，她们的下一个目标是研发和升级产品，首先从包装入手。经过多次学习和试错，她们最终研发出两款产品：黄芪茶和"宕昌三宝"。

黄芪茶由黄芪片、红枣、桂圆、枸杞和山楂五种配料按比例精制而成，采用独立网袋包装，方便办公室白领或者居家时随时冲泡，再配上美观的铁盒外包装和手提袋，非常适合作为礼品馈赠，而且相比普通药材饮片的消费场景更加丰富，消费人群也随之扩大。据测算，其销售价比同类型产品高出20%以上。"宕昌三宝"指的是黄芪、当归和党参三种道地药材的饮片，既可以单独购买，也可以购买组合装,同样是更具体验感的铁盒包装,是代表宕昌中药材的一张特色名片。

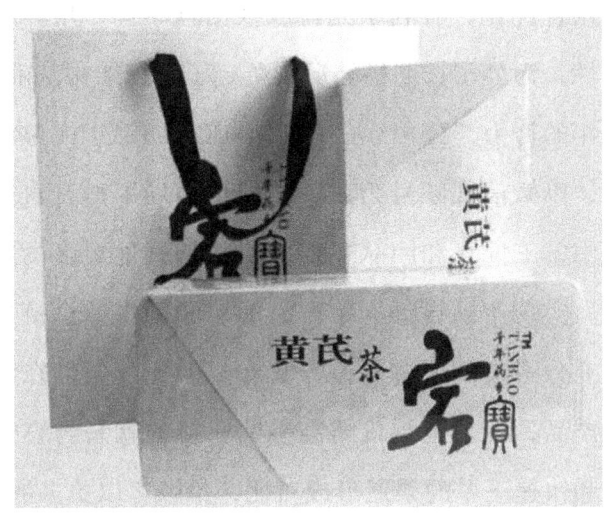

王惟真和团队设计的铁盒包装袋泡黄芪茶

她们用心做产品,充分注重视觉设计效果,哪怕是一张随产品赠送的书签,都蕴含了她们满满的情感,将质朴、纯真、感恩的心意传递给每一位顾客。

2021年5月以来,宕昌县推动建设产品研发中心,王惟真和团队积极参与。这两款自主设计的产品,除了线上销售外,她们还努力拓展线下渠道,在县城各大商超、旅游景点和酒店展示销售,借助山东省青岛市"东西协作"的帮扶,以及天津大学和中央财经大学等定点帮扶单位的网络销售到全国各地。

除了销售渠道建设外,王惟真还在探索产品生产和加工端的服务链条。2022年3月,她发起成立了甘肃俏山货农副产品有限公司,由甘肃惟真网络科技有限公司持股90%。控股子公司的主要经营范围是收购和销售初级农产品、食用菌等农副产品，与母公司形成了服务方面的组合优化，有利于完善股权治理结构，培养和激励公司团队的积极性，为公司长期稳健运营奠定了组织架构基础。

经过几年的努力，公司线上线下渠道布局趋于完整。在直播带货平台方面，以微信视频号为主，此外也布局了抖音直播渠道。在未来的计划中，王惟真和团队还将努力拓展其他更多的渠道，特别是跨境电商，实现产品设计、生产、加工和销售的全链条服务。王惟真和团队充分考虑到渠道的差异化布局。比如她们在淘宝店铺也上架了同款产品，但是销售价略高一些，目的就是与直播带货这样更具转化率和快速下单的渠道形成对比，给顾客以更多的选择。

王惟真和团队与陇南其他电商创业者有一个显著的区别：她们先从渠道入手，早期通过视频号和直播获得了粉丝的关注，积累了一定的流量之后，顺理成章进行产品研发和带货销售，这让她们能更加从容地解决创业开始时产品选品推广和流量获取之间存在的矛盾，顺利度过"举步维艰"的起步期，差异化地实现了从优势渠道到产品选品，再继续拓宽渠道的发展模式，集中体现了基于互联网思维的产品运营思路。

此外，产品研发和差异化定位也很重要。在县域范围内，由于产品同质化，加上深加工程度普遍较低，因此电商创业者们的供货渠道很单一，大家销售同样的商品，难免会存在价格战等不良竞争方式。因此，王惟真和团队在创业初期即选择自主设计研发产品，与本地生产加工企业和农民专业合作社实现代工合作。虽然销售的还是当地的药材,但拥有自有品牌,有利于同一初级货源以不同的规格、包装设计和消费场景等方式呈现,不但提升了顾客体验感,避免了同质化竞争,而且让大家的关系转变为上下游的合作伙伴,构建了全新的供应链服务体系,呈现出百花齐放的发展态势。

四、锻造团队

王惟真坦言,目前公司发展最大的短板和不确定因素在于人才的匮乏。由于经济发展以及诸多客观因素的限制,在县域范围内始终缺少大量专业化的人才,外部引入不现实,因此最好的办法就是自主培养;同时企业要努力提升销售规模,只有创业项目不断发展壮大,才能真正把人才留下来。

从开始创业时,王惟真就有培育人才和锻造团队的想法,她让所有员工参与产品采购、设计、加工和销售的工作全环节,定期组织内部学习活动,毫无保留地给大家分享,完全是手把手地教,从直播话术到禁忌词等,让大家尽快成长起来,真正可以独当一面。

王惟真有着开放包容的心态,她放手让团队成员们大胆创新创意,为他们搭建最好的学习和进步平台。2022年下半年以来,她带领团队以及参加政府组织的考察团,先后去青岛、杭州和亳州等地学习参观,了解外地的先进模式,希望更好地实现地区间的对接合作。

曾有个别员工选择自我发展，她也坦然接受，觉得自己为宕昌本地的电商人才培养做出了一定的贡献，大家也都在为家乡优质特产的上行销售继续努力，未来仍然可以开展合作和彼此助力。

2022年，王惟真还把比自己小十几岁的表弟和表妹成功从外地吸引回到宕昌，让他们加入公司团队，和她一起创业。

未来几年，王惟真的目标是继续扎根宕昌，努力走出去，学习和借鉴外地成功模式为己所用，多对接合作渠道，提升产品的销售规模，同时在实践中培育和锻造团队，让创业项目进一步规范成熟。

五、美丽事业的未来

作为返乡创业的优秀电商人，王惟真用心经营美丽的事业，通过几年的努力，培养了同样优秀的团队，在产品销售和品牌营销方面取得了一定的成绩，也坚定了她自己今后继续扎根宕昌创业的信心和决心。

她是乐观的人。尽管家乡偏僻，和自己曾经上学和工作的大城市不可同日而语，但这里有美丽的风景、优质的产品，更有独特的文化。在这片古老而又充满魅力的土地上创业，加上国家推动乡村振兴和鼓励创新创业的政策，她相信未来的前景会更加美好。

她是有责任感的人。她通过精心拍摄的短视频展现家乡的美丽景色，积极参与各类型公益直播活动和电商培训，助力农产品上行销售。她对乡村产业振兴充满信心，相信"星星之火"的力量，几年来先后带动 100 多名女性从事农产品电商工作。

她是知行合一、积极把想法付诸行动的人。几年来,她多次参加友成企业家扶贫基金会等机构组织的电商培训活动,不但手把手培养和带动公司团队成员,还义务帮助其他女性创业者,充分彰显了社会责任感。2021 年 8 月,王惟真被选为宕昌县第二届电商协会常务副会长,她花费了大量的时间负责协会的日常工作,协助县商务局和电商中心编写工作方案,组织各类培训活动,举办电商直播打卡比赛等,营造良好的直播比拼和互学互鉴氛围,共同为广大电商企业和从业者提供优质服务。

乡村振兴,产业是基础,人才是关键。在广大农村地区,由于经济发展滞后,一方面广大青年外出务工,另一方面毕业的大学生也鲜有返乡创业者。像王惟真这样,既具备一定的管理和营销专业知识,又热爱自己的家乡,在大城市学习和工作时形成的意识、眼界和应对风险的能力,与本土创业者相比具有一定的竞争力,因此她和团队善于抓住机遇,找准自己的优势,实现差异化发展。

宕昌县有着延绵千年的独特藏羌民族文化,有着国家 5A 级景区官鹅沟的亮丽名片,更有着兰渝铁路跨越全境的交通区位优势,在脱贫攻坚与乡村振兴有效衔接的历史背景下,广大创业者对农村电商与文化旅游的融合发展充满信心。

在过去的几年里,王惟真和团队从视觉营销入手,加上对本地区文旅要素的深入挖掘,努力改进产品设计和体验感,用心打造"爆款",实现了农产品电商发展的新模式。在未来的创业过程中,她们一定可以快速驶入县域经济高质量发展的轨道，努力推动农文旅产业协同发展，以榜样的感召力，吸引更多优秀的青年人返乡创业。

媒体报道

⬤ 宕昌被誉为千年药乡，中药材品质享誉全国。主播王惟真发现，网友们对当地的药材很是信任，中药材制品十分畅销，但是很多外地网友不太了解中药材的种植过程，甚至没见过未加工的中药材长啥样。于是，王惟真最近决定把直播间搬进合作社，让网友们通过直播间走进宕昌，了解这些中药材制品是怎么一步步加工出来的，让大家看见品质、买得放心。

借助电商直播销售的优势，王惟真不仅将宕昌的中药材制品卖上了好价钱，也让网友们对自己的家乡有了更深的了解，让当地的农特产品源源不断地飞出大山。

资料来源：宕昌电商微信公众号，https：//mp.weixin.qq.com/s/W9qxZfTOgMUt5kz6D25fMQ。

⬤ 7月12日晚上，港澳台事务办公室邀请山东省青岛旅游集团旅游资源投资公司总经理助理袁绍明，宕昌县电子商务协会常务副会长、甘肃惟真网络科技有限公司总经理、陇南公益直播形象大使王惟真女士举办了"东西协作文旅项目和电商助力乡村振兴"专题

案例 7　与电商共舞：王惟真的美丽事业

讲座。王惟真女士介绍了她放弃大城市生活回到家乡宕昌，依托当地"药乡"产业资源进行电商直播创业、助力当地脱贫的历程。她的讲解优雅而真诚，她积极奋斗的经历励志感人，让同学们认识到当代青年的真正价值在于用自己的勤劳和智慧在平凡的工作中为社会作出贡献。

资料来源：中央财经大学国际合作处网站，https：//int. cufe. edu. cn/info/1014/4285. htm。

案例 8

余蓓：电商长河中的"摆渡人"*

电商是一项系统工程，广义的电商，除了产品的线上销售外，还包含了与之相关的配套服务，如信息化平台建设、培训等，在陇南电商快速发展的过程中，这方面尤为关键。徽县返乡创业者余蓓，不仅是一位优秀的电商从业者，更经历了多岗位的历练和打拼，努力践行"授人以鱼不如授人以渔"的理念，分享个人实战经验，增强合作者的竞争力，无愧于电商长河中的"摆渡人"。

余蓓是徽县本地人，作为一名"90后"创业者，她大学毕业后返回自己的家乡，受到陇南市及徽县大力发展农村电子商务的感召，

---

* 本案例由郝志强撰写，作者拥有著作权中的署名权、修改权、改编权；本案例的撰写及发表已取得相关企业及案例当事人授权；由于企业保密的要求，在本案例中对有关名称、数据等做了必要的处理；本案例仅是关于企业发展历程的描述与讨论，并无意暗示或说明某种管理行为是否有效。

案例 8　余蓓：电商长河中的"摆渡人"

从微商分销产品做起，后来报考成为县电商中心工作人员，参与了徽县农村电商快速起步和发展壮大的重要阶段，自己也在实践中得到了锻炼。

2017年9月，她成立公司开始创业，为当地政企客户提供信息化项目的开发和运维服务，同时努力拓展培训业务，涵盖了电商策划、创新创业、政务新媒体、企业营销、短视频运营和直播带货等领域，与多个地区的政府、高校和企业建立了友好的合作关系。

余蓓从电商运营入手，不断围绕该主线拓展服务领域，走出了一条跨越式的发展之路，真正助力农村产业发展和人才培育，实现"授人以渔"，成为乡村人才振兴的楷模。

2023年5月的一天，余蓓从省城兰州出差返回家乡徽县。此前她连续参加了兰州工商学院大学生创新创业项目的校级立项评审，以及兰州市榆中县举办的创新创业项目大赛评审，此时，又获得了一份荣誉——她和其他优秀的电商创业者们一起，被陇南市电子商务协会聘为"电商研究员"。

成绩和荣誉的背后，既是组织的认可和鼓励，也是自己多年来勤奋付出和努力拼搏的结果。余蓓和同事们一起分享喜悦，谋划下一步的发展方向，大家都对公司未来业务前景充满信心。

余蓓回顾自己大学毕业以后扎根家乡几年来的经历——从微商分销产品起步，成为县电商中心工作人员，再到正式成立公司开始创业，不断拓展服务领域，并且成为全案营销师，认为自己的选择是正确的，通过坚守初心和努力拼搏，积累了丰富的经验，让创业的道路越来越宽广。

一、返乡创业

徽县位于甘肃省陇南市东北部，地处秦岭南麓，毗邻陕西省汉中市略阳县，全境气候温暖湿润，丘陵、盆地相间，旅游景点众多，物产富饶，素有"陇上小江南"的美誉。

2014 年，余蓓大学毕业后，没有去大城市就业，而是返回自己的家乡。不同于很多同学会选择考公务员或者其他参公岗位，她选择了扎根创业。

在 2015 年年初的一条微信朋友圈，她曾经这样讲述自己的内心：如果现在有 50 万元，绝对会选择创业，绝不会在碌碌无为的生活中虚度年华，害怕人生归于平淡，最后会没有力量挣扎，会疲惫不堪，自信被时间一次一次打击，淋雨后找不到可以温暖的人。

时至今日，重读这段文字时，她依然深有感触。那时候她才 20 出头，但已经有了对创业的执着追求，而且在此后的时间里一直坚守自己的梦想。

余蓓选择创业时有没有 50 万元呢？我们不得而知，但她还是义无反顾地开始了。

选择从事哪个领域呢？余蓓进行了认真的规划。

幸运的她赶上了陇南市及徽县大力发展农村电商的红利期，一时间,"大众创业、万众创新"成为最打动人心的号召,广大青年的热情和干劲前所未有地被激发出来,通过互联网销售家乡优质特产成为大家共同的选择,电商创业的春风吹拂着徽县这座原本有点闭塞的小城。

2015年11月,余蓓发起成立徽县新农妞土特产特卖店,主要销售当地的优质特产,包括土蜂蜜、本地松子、香菇和木耳等。她和团队的伙伴一起,走遍了徽县大多数乡镇,从村民手里收购产品,给予最高收购价,然后通过淘宝店铺及微信分销等方式销售。

余蓓在农村收购土蜂蜜时与蜂农在一起

余蓓给蜂蜜设计了独特的包装,而且贴纸上印有图像,品牌"新农妞"读起来朗朗上口,给人一种产品源于大自然,而且非常质朴、令人放心的印象。家人很支持她的选择,父亲还"兼职"帮助打包发货。借助社交网络营销的早期红利,余蓓通过分销裂变的方式取得了很好的成绩。

余蓓创业初期设计的土蜂蜜包装

电商产品的视觉营销非常重要,余蓓和团队在选品后,自己拍摄,选用了精致的道具,通过后期修图和设计,让产品置身于消费场景,变得生动有趣,增强了用户体验感。掌握了这项技能后,她们还发挥所长,为其他客户提供产品拍摄和主图、详情页设计等服务。

此外,她还发起成立徽县青年电商创业联盟,和其他五位未就业的大学生一起,倡导志愿服务,帮助当地贫困户销售土蜂蜜、猕猴桃、银杏果、木耳和香菇等产品,而且坚持了五年多,在徽县打赢脱贫攻坚战的过程中发挥了独特的作用,彰显了青春助农的力量,得到县妇联和团县委等单位的广泛赞誉和表彰。

2016年和2017年,余蓓先后参加陇南市第一届和第二届众筹扶贫大赛,不仅顺利完成了众筹的目标,而且帮助贫困户销售自家的农产品,项目结束后,她获得"陇南市众筹扶贫大赛先进个人"的荣誉。2018年11月，余蓓成为共青团陇南市第三次代表大会代表，这是组织对她工作给予的肯定和认可，也让她的青春在新的舞台上闪光。

二、历练与成长

2014年8月，一个偶然的机会，余蓓通过政府招聘的形式，成为徽县电商中心工作人员，这对于她是一个新的起点。

在这个岗位上，余蓓从零开始努力学习，很快融入工作环境，此时徽县电商也进入加快发展的新阶段，特别是2017年徽县成功获评国家电子商务进农村综合示范县。在项目筹备、申报、招标、实施和总结的过程中，余蓓承担了大量具体的工作任务，对电商的理解和认知也有了新的高度。

余蓓勤奋敬业，加班成为工作的常态。她不辞辛苦，走遍了全县所有乡镇和行政村，参与组织电商站点负责人及从业者培训，带领当地创业者外出观摩学习，努力为电商企业和个人创业者服务，准备项目实施和总结的相关材料，接待外地前来参观学习的考察团等。她有一定的写作功底，撰写了多篇稿件，介绍徽县电商发展成绩，推荐优秀电商企业和个人从业者，文章被微信公众号"徽县电商发布"和"陇南电商发布"多次发布。

在实际工作中，余蓓勤于思考和总结，2017年10月，她撰写的文章《浅析陇南农产品网络营销存在的问题与营销策略》，参加首届

"领军杯"陇南电子商务研究征文比赛,并且荣获优秀奖。

2018年8月,余蓓被中共徽县委员会、徽县人民政府授予"2017年电子商务工作先进个人"的荣誉,同年被县妇联授予"优秀女电商"的光荣称号,重点宣传她带领广大青年投身电商创业、开展助农增收的先进事迹,鼓励更多从业者向她学习,在实现个人价值的同时,为社会做出更多的贡献。

多年以后,余蓓总结在电商中心工作的宝贵经历,很感恩在人生的关键时期,能够参与和见证全县电商的快速发展阶段,而且是以电商从业者和业务管理者的双重身份,这让她以角色互换的视角审视电商积累了一定的经验,培育和锻造了不畏艰难、勇于突破的品质,这对于她未来创业有着重要的意义。

三、从创业到服务

余蓓在徽县电商中心工作期间,尽管工作任务繁重,经常加班加点,但是始终没有放弃创业,持续关注电商发展特别是农产品销售渠道等。

此外,她还认真分析当地市场,特别是广大创业者的实际需求,2017年开始拓展互联网技术服务,紧跟行业前沿方向,从微信公众号和小程序开发开始,再到抖音企业号及商城搭建等,线上连接线下,让更多行业的企业和个人创业者共享互联网红利,几年来积累了大量客户。这在陇南电商广大创业者中是比较罕见的发展模式。

其实，余蓓大学所学专业为会计学，互联网技术对她而言是新的陌生领域，需要不断学习，努力提高技术水平和服务能力。2017年9月，她发起成立陇南咪咔网络科技有限公司，并且担任法人代表，公司业务定位于网络技术开发服务以及电商技能培训和平台代运营等。这是第二次创业，对她而言，既是过去创业的沉淀和提升，也是新的开始。

余蓓和团队调研了当时县域环境下信息化项目的行业现状，发现鲜有专业的公司可以提供一站式和定制化的服务，本地化更是无从谈起，企业和个人创业者想要获得专业的服务，只能通过互联网或者找外地企业，有的企业甚至为此花费了巨大的成本，最终却得不到长期有保障的服务。

余蓓有着敏锐的经营眼光，善于抓住互联网发展的红利。在2017年微信小程序刚刚推出时，她就及时分析各个行业的需求，服务方向涵盖企业微官网、线上商城、点餐外卖、酒店预订、教育培训、抽奖拼团和求职招聘等。她和团队为合作企业制订专业化的方案，并且在小程序账号注册、功能申请、上线审核和日常维护方面提供服务。她们经常加班到深夜，得到客户单位的充分认可，让很多企业在小程序推出的起步阶段获得了大量的流量支持，产生了可观的转化效果。

2020年以来，在线下消费受到一定限制的情况下，线上预订和体验式服务迎来一段时间的爆发式增长，特别是短视频和直播带货成为主流的营销渠道时，余蓓和团队深刻分析行业变化趋势，及时为合作企业提供定制化的解决方案,帮助其实现多元化经营,度过暂时的经营困难期。

可以预见,在未来企业发展过程中,信息化项目的开发和运维仍然是主要的方向,而且有着一定的竞争优势,互联网无边界和时间、地域限制的特性,让服务范围可以得到不断拓展。2020年,余蓓和团队为四川省广元市剑阁县开发小程序商城"剑阁严选",为陕西省商洛市丹凤县开发小程序商城"丹凤严选",并且配合两地电商服务中心及广大从业者开展直播带货,不仅提升了线上销售量,宣传和推荐了陇南电商发展模式,而且促进了三地间的互学互鉴。

公司开发的"剑阁严选"小程序商城上线

更为难能可贵的是,在服务方面,余蓓的团队承诺提供源代码,支持客户单位进行二次开发,这在整个行业都是比较罕见的,不仅得到客户单位的认可,更为同业者树立了服务的标杆。实践证明,在创业过程中,创业者唯有保持开阔的胸怀,与上下游合作伙伴开展精诚合作,而不是自我封闭和设限,这样才能让创业的道路更加宽广和久远。

四、授人以鱼不如授人以渔

陇南电商过去 10 年的快速发展,不仅让更多优质的农产品走出大山深处,走向全国乃至全世界的市场,更重要的是培育和造就了一大批热爱电商并且为之努力奋斗的青年人才,由此创立的陇南模式,在脱贫攻坚和乡村振兴的伟大实践中发挥了独特的作用。

电商创业不太像是需要短暂爆发力的短跑,更像是一场比拼耐力和坚守的马拉松比赛,尤其在山大沟深、人才匮乏、发展相对滞后的陇南市,创业者只有永葆初心、扎根付出,才能取得最终的成功。

在身边朋友,特别是广大同行看来,余蓓无疑是非常拼的,不到 30 岁的年龄,已经数次创业,不论是开展产品上行销售,还是互联网信息化服务等,都取得了令同龄人羡慕的成绩;她的谦逊、奋进和拼搏精神同样感召着周围的年轻人。

余蓓对自己有着清晰的认知,她觉得只有自己的成功不算是真正的成功,陇南电商的高质量发展,需要一大批愿意扎根和为之长期付出的本地人才,这样才能让产业的基础更加夯实,让政府各项优越的扶持政策得以真正有效落地，因此她又将人才培训拓展为新的创业方向。

早在 2018 年 2 月，余蓓就获得了中国电子商务协会颁发的培训讲师证书。同年 9 月，她参加了在四川省成都市举办的四省藏区创业师资培训班。经过整整 10 天的封闭式学习、讨论互动和课程试讲，余蓓正式成为一名合格的创业培训讲师。

功夫不负有心人，余蓓具备了在电商和创新创业（SYB）两个领域的培训资质。从 2020 年开始，她选择全职创业，除了参与徽县及陇南市其他县区的培训项目外，陕西省丹凤县以及甘肃省兰州市、定西市、临夏州和甘南州等地，都留下了她为大家传道授业和答疑解惑的足迹。

如同互联网信息化项目的服务领域一样，余蓓和团队在培训方面也拓展了多个方向，包含大学生创新创业、短视频与直播带货、政务新媒体、企业销售能力提升、公文写作、商务礼仪与社交艺术等，与多个地区的政府单位、高等院校和企业形成了牢固的合作关系。

2020 年 9 月，余蓓被陕西省丹凤县聘为青年创业培训导师，同年 12 月，被聘为甘肃省电子商务职业教育集团第二届讲师团成员。2021 年 7 月，在第三届马兰花全国创业培训讲师大赛甘肃选拔赛上，她凭借出色的表现，入围全省 20 强。2022 年 3 月，经兰州市人力资源和社会保障局综合考评，余蓓成为兰州市第一批创业培训师资库成员。

案例 8　余蓓：电商长河中的"摆渡人"

余蓓在第三届马兰花全国创业培训讲师大赛甘肃省选拔赛中入围全省 20 强

在培训课堂，余蓓给人以知识丰富、乐于分享的深刻印象。她热情与学员交流互动，课后添加微信，保持紧密联系，针对大家提出的问题和疑惑一一解答，鼓励大家在电商创业和个人成长方面取得更大的突破。她还通过各种渠道分享自己的课件，把一些重要的知识点以思维导图的方式进行展现，让自己的社交媒体更有营养和价值。

2021 年 4 月，余蓓和团队承办徽县电子商务讲师培训班，她们精心准备培训方案，并且将培训地点选择在陕西省武功县。在为期 5 天的活动中，来自全县重点电商企业、各乡镇和电子商务站点的电商讲师们通过封闭学习、游学观摩、座谈交流和试讲考评等形式，收获很大，培训取得了良好的效果，这为后续本地电商人才的培育奠定了基础，同时也展现了余蓓和团队出色的组织和协调能力。

五、渡人先渡己

热情、执着、质朴，是余蓓留给大家的共同印象，她尽管还不到 30 岁，但已经是创业赛道的"老运动员"。她选择返乡创业，经历了多个岗位和服务领域的锤炼，创业经验更加丰富，增强了应对风险的能力；她尝试适度多元的经营方向，创业道路更为宽广，形成了一定的竞争壁垒。未来，她和团队将继续扎根徽县、立足陇南，她们因互联网思维的赋能，早已具备开放、包容的胸襟，在自我发展和"授人以渔"方面相辅相成，继续夯实陇南电商发展的人才之基。

在余蓓的身上，我们还能看到她在创业项目的选择方面既有聚焦，也有拓展，但始终围绕主线，基于对行业、团队和自己的优势定位出发。这样辩证式的选择，对于广大创业者来说，是值得学习借鉴的有效模式。

余蓓有着乐观自信、积极向上的性格，2021 年和 2022 年居家工作期间，尽管身上背负创业和对团队负责的压力，但她坚持健身锻炼，让自己保持良好的心态，不断克服前进道路上的各种困难和风险。

2019 年 1 月 1 日，新年第一天的朋友圈，余蓓写了三个关键词：

"沉淀、自律、担当",并且附上了加油的表情和自己的照片。

如今,我们依然可以感知她那时候从一个阶段跨越到另一个阶段时的心路历程,诚如她创业开始时的感悟:自信不会被时间一次一次地打击,而是永葆自信和拼搏,在时间的流逝里更加勇往直前。余蓓用她不到30岁的人生阅历以及创业道路上取得的成绩,为我们做了最好的诠释。

媒体报道

● 余蓓,女,汉族,出生于1994年6月24日。今年以来,在政府领导的关心支持下,她带领我县5名未就业大学生,组建了徽县青年电商创业联盟,通过收购贫困农户滞销的农产品,运用网络平台统一销售,在帮助农户增收的同时,实现团队助农增收的目标。

目前余蓓已组建未就业大学生、务工青年等12人形成专业营销团队,通过新媒体营销方法,销售从贫困户手中收购的土蜂蜜。同时,她积极响应团市委提出的"我为家乡农产品代言"活动,推出由陇南大学生创业联盟出品的"新农妞"牌土蜂蜜,在网上销售较好,最远销售至阿尔巴尼亚,得到外国人的一致好评。

资料来源:搜狐网,https://www.sohu.com/a/235250719_100011651。

● 培训会上,知名讲师余蓓围绕农村电商创业、微媒体平台运营、农产品产销对接、产品拍摄、电商客服技巧、农特产品的定位与营销技巧、开店流程与技巧进行了精彩授课和经验分享,在交流互动环节还向学员们展示如何利用抖音、快手等当前火热的新媒体拍摄农产品小视频、农产品直播营销,从而达到营销农产品目的,让参训学员受到启发,引导更多的人积极投身于电子商务进农村的创业热潮。

  此次培训通过理论与实践相结合的方式,增强了学员对农村电商知识、农村电子商务建设等方面的了解,激发了广大农村电商人才干事创业的热情,对助推村集体经济社会事业发展具有重要意义。

  资料来源:陇南徽县麻沿河镇,https://mp.weixin.qq.com/s/j6_mhK929VHOu0aPXZ3hgg。

案例 9

吴月月：源于电商的巾帼带头人*

宕昌县的吴月月中专辍学后，曾经从事过多份职业，也尝试过短暂创业。2017年她选择电商再创业，从销售鸡蛋变蛋开始，到自建生产车间，研发差异化的产品，逐步达到规模化和示范化，带领周边贫困户、妇女和残疾人等群体增加收入，推进产供销一体化，增强了可持续发展能力；之后又在县城开销售门店，实现了线上结合线下的运营模式。她本人在这一过程中成为陇南电商中的巾帼带头人。

宕昌县位于陇南市西北部，是重要的中药材种植大县，曾经也是陇南市乃至甘肃省贫困面最广、脱贫难度最大、脱贫任务最重的

---

* 本案例由郝志强撰写，作者拥有著作权中的署名权、修改权、改编权；本案例的撰写及发表已取得相关企业及案例当事人授权；由于企业保密的要求，在本案例中对有关名称、数据等做了必要的处理；本案例仅是关于企业发展历程的描述与讨论，并无意暗示或说明某种管理行为是否有效。

县区之一。2013年以来,当地众多青年创业者积极响应政府号召,大力发展农村电商,并且与农业种植产业相结合,不仅让当地农副产品和中药材纷纷开始线上销售,也带动了企业、农民专业合作社和扶贫车间等市场主体逐步实现规范化、规模化和示范化,夯实了可持续发展的基础,涌现出了一大批创业模范人物和典型案例。

南阳镇下付村吴月月就是其中的佼佼者。作为一名普通的农村女性,她早年有多个领域的创业和从业经历,身上更有一种不服输、不怕失败、敢闯敢干的劲头,因此尽管在2017年才开始从事电商创业,但很快凭借爆款产品推广、整合线上线下营销渠道和建设实体生产基地等方式,让自己的项目快速发展壮大,并且获得"电商英雄"的殊荣。她是如何完成这一角色的蜕变,在创业过程中又经历和克服了哪些困难?

2022年秋季的一天,吴月月正在自己位于县城的实体店忙碌,接待进进出出的顾客,扫码付款的到账提醒语音不时响起;已经完成打包的快递刚刚取走,即将发往全国各地;她还与南阳镇的公公婆婆视频聊天,了解当天鸡蛋变蛋生产和村民务工的情况。

这样的工作一直是她的常态,创业五年多来,能够得到家人的支持和协助,让她备感欣慰。回顾自己走过的历程,其中有艰辛的付出,有收获的喜悦,更有永不服输、永不言败的底气与自信,而且创业让自己帮助到周围的乡亲,也让更多的宕昌优质特产走出大山深处,这份沉甸甸的责任给了她无比的动力。

成绩属于过去,未来需要继续努力。在创业这条道路上,有很多像吴月月一样的农村女性通过大胆探索、努力拼搏,改变了自己的命运,实现了华丽的蜕变,更让自己拥有了精彩的人生。

2023年3月的一天,我们跟随吴月月来到她的家乡——宕昌县南阳镇。从县城出发,沿着蜿蜒曲折的公路,沿途海拔最高达到2400多米,远眺可以看到山顶终年积雪的高山,近观则有树木环抱的村庄,山腰处映入眼帘的是人工修建的梯田。这使我们充分感受到了天然形成的"山大沟深",以及千百年来这片土地上人民的吃苦耐劳和坚忍不拔。

行车途中,吴月月不时和我们交谈,介绍自己的家乡以及她的成长和创业经历。

一、无奈放弃学业挑战命运

1983年10月,吴月月出生在宕昌县南阳镇杨集村一个普通的农民家庭。彼时,改革开放尽管已经开始在华夏大地风起云涌,但还没有唤醒封闭落后的大山深处的村庄,村民们固守几亩贫瘠的土地,延续着祖辈的生活方式,年年辛勤劳作却难以摆脱贫困的面貌。

吴月月有一个幸福的家庭。母亲很明事理,常常教育她说,一定要好好学习,知识才能改变命运。1999年,初中毕业后,为了能够尽快有一份包分配的工作,她报考了当时属于中专院校的甘肃省工业轻纺学校,来到省城兰州求学。不料第二年,父亲突然生病,这让本来贫困的家庭雪上加霜,尽管学校承诺给予一些学杂费的减免,但无奈之下,吴月月还是选择了退学。后来她回忆说,放弃学业是她走向社会的开始,同时也是人生第一件憾事。

2001年上半年,怀着接受命运安排的想法,吴月月回到了自己的家乡,起初帮着父母干一些农活。后来一个偶然的机会,经同学介绍,她拜师学习裁缝技术。功夫不负有心人,经过一年多的学习,吴月月很快"出师",人生的第一个创业项目——自己的裁缝店在南阳镇开起来了。当时一条裤子可以挣5元钱的手工费,一件上衣则是12至15元,尽管不算多,而且起早贪黑很辛苦,但对于一位刚刚步入社会的花季少女,总算有了第一份的收入。吴月月心灵手巧,待人热情,不久她还在自己的小店销售成品服装、窗帘和床品等商品,生意一天比一天好。

2008年,吴月月组建了自己幸福的小家庭,婚后有了两个孩子。由于要照顾孩子,吴月月选择转让了自己的裁缝店,闲时还帮助爱人打理镇上的家具店,过上了"夫唱妇随"的生活。

又过了几年,家具店的生意不景气,爱人选择在外承揽工程项目,吴月月跟随着给工地上的工人做饭。这样按部就班的生活持续了一段时间,也算是悠然自得。有一次,在工地休息的时候,她读到《羊皮卷》《方与圆》等图书,深深被书中的内容震撼,开始思索自己的人生:难道一辈子就甘于接受命运的安排,不再拥有梦想,注定只能过这样的生活吗?

二、电商再创业

2012年前后,吴月月有了创业的想法,以她当时的知识、能力、财力和经验,选择哪个领域好呢?

吴月月打算重拾旧业,继续开自己的服装店。但不同于几年前,彼时网上购物在当地逐渐兴起,线下服装销售的生意越来越惨淡;之后她又尝试销售化妆品,还短暂从事过人寿保险销售,开过烧烤摊,兼职担任58同城南阳镇的站点负责人等。这段时间的"摸爬滚打",既让她对创业有了更深入的了解,也磨炼了她敢于直面困难、越挫越勇的品格。

不过,当时吴月月想要创业,家人并不支持。在封闭偏僻的宕昌农村,人们普遍认为女人应该待在家里,照顾家人和孩子,怎么可以"抛头露面"出去做生意呢?而且创业有风险,一旦赔钱了怎么办?

吴月月在兰州上学时接触过城市的生活,后来也从事了很多领域的工作,这让她与大多数的农村女性有着不同的思维方式,性格中也有争强好胜的一面,敢于冲出传统思想的束缚。她打定了主意,经过多次沟通,爱人勉强同意支持她,但是究竟从事哪个行业,当时并没有想好。

转机发生在2017年,当时陇南市及宕昌县大力推动农村电商发展,吸引了大量本地创业者参与,已经出现了一些成功案例,给闭塞偏僻的大山深处吹进了一缕清新的春风，创业氛围日趋浓厚，各类型电商培训活动也陆续开展起来。

这年4月，一次偶然的机会，成县的培训老师魏菲利前来南阳镇讲课，吴月月和其他农村妇女一起参加培训。听到老师质朴的话语、真实的案例讲述以及切身经历与经验分享，吴月月的内心受到了极大的震撼，激动得泪流满面。她深深地感悟到，别人能做好的事情，自己也一定可以做好，要下决心开始改变。

说干就干，吴月月最终选定了从事农村电商这条新的创业道路。南阳镇电商专干帮助她申请开通了淘宝店铺，她自己也开始尝试通过微信朋友圈和微信群推销产品。

创业初期，选品很关键。鸡蛋变蛋是南阳镇的特色产品，已有近百年的传承历史，百姓家里红白喜事和馈赠亲友等场合都有大量需求，因此销路不存在太大的问题。吴月月敏锐地意识到这一点，将鸡蛋变蛋作为第一个通过电商销售的商品。她从镇上的工厂进货了500颗，抱着试试看的态度，结果第一天就卖出了100多颗，到第三天就全部销售一空。没想到第一次"触网"就能有这么好的成绩，她的信心和创业激情被彻底激发了。

2017年冬季，除了销售鸡蛋变蛋，吴月月还帮助周边乡亲销售土鸡蛋、大蒜、羊肚菌、花椒和中药材等产品，销售额超过3万元。在国家电子商务进农村综合示范项目的扶持下，她担任了南阳镇下付村电商服务点负责人，再次坚定了电商创业的决心，开始努力学习，弥补自己在产品营销方面的不足。

2018年3月,陇南市在宕昌县召开农村电商发展座谈会,吴月月代表南阳镇电商创业妇女发言,谈了自己的打算和想法。会后市委主要领导特地叮嘱县、镇两级干部,要重点关注农村女性参与电商创业,给予她们实实在在的帮扶。

三、规模化之路

吴月月作为个体开始电商创业,由于选对了产品,很快起步,并且获得了理想的收入。她接下来思考,是继续单一从事产品分销,还是延伸产业链,自己也从事鸡蛋变蛋的生产加工呢?

在后来回顾这段经历时,她坦言自己有过一段时间的犹豫,单一网络销售是轻资产行为,而且风险也很小,但对产品的品质和供应往往无能为力,也不能从源头上以更多渠道帮助到家乡的乡亲。

这时候,她又遇到一次宝贵的机会。2018年5月,在天津大学派驻宕昌县帮扶工作队的牵线下,吴月月和其他创业同伴一起来到天津大学学习,这也是她第一次来到大城市。经过刻苦学习,最终考试合格,如愿取得结业证书。通过这次创业培训,她对公司、合作社的注册和经营管理的政策有了深入的了解,萌生出让自己的创业项目更为规范的想法。

回到宕昌后,吴月月马上行动,当月就牵头成立宕昌县南阳良诚农特产品农民专业合作社,打算新建鸡蛋变蛋的生产基地,由151名股东组成,她担任理事长。一个月后,宕昌县月月电子商务有限责任公司成立,定位于产品的线上销售,她担任法人代表和经理。

吴月月学以致用、雷厉风行,创业项目很快步入正轨,初步形成了"公司+合作社+生产基地+农户"模式的组织架构。2018年11月,电商公司被认定为县级农业产业化龙头企业。

吴月月和团队研发的富硒鸡蛋变蛋

合作社的主打产品是鸡蛋变蛋,吴月月和爱人商议,用自家的空置房作为生产车间,县电商中心给予了装修方面的资金补贴。此外,在宕昌县脱贫攻坚的关键时期,按照农村"三变"改革的要求,合作社先后获得两笔带贫资金,第一笔25.5万元,第二笔30万元,这些宝贵的资金,主要用于厂房建设、改扩建和生产设备购进等,这对刚刚起步的创业者来说是"雪中送炭";入股的村民可以每年获得8%的保底分红,而且还可以在合作社务工,通过电商企业销售自己的农副产品等。这对于当时宕昌县建档立卡贫困户增加收入、打赢脱贫攻坚战意义重大。

【参考阅读】

农村"三变"改革,即资源变资产、资金变股金、农民变股东。

资源变资产是指将合法的集体土地、林地、林木、水域、湿地和闲置的房屋、设备等资源的使用权,通过一定的形式入股到新型经营主体,取得股份权利。

资金变股金是指将各级各部门投入农村的发展生产和扶持类财政资金(财政直补、社会保障、优待抚恤、救济救灾、应急类等资金除外),按照各自使用管理规定和贫困县统筹整合使用财政支农资金、资产收益扶贫等国家政策要求,量化为村集体或农户持有的股金,集中投入各类经营主体,享受股份权利,按股比获得收益。

农民变股东是指农民自愿以土地(林地)承包经营权、林木所有权、集体资产股权、住房财产权(包括宅基使用权),以及自有生产经营设施、大中型农机具、资金、技术、技艺、劳动力、无形资产等各种生产要素,通过协商或评估折价后,投资入股经营主体,享有股份权利。

在鸡蛋变蛋的销售量稳步增长的同时,为了提升产品的附加值,合作社还与甘肃农业职业技术学院合作,在专家教授指导下,成功研发出添加了中药材成分的变蛋以及富硒变蛋等新品。在营销策略方面，普通变蛋售价低，批发价 1 元/颗，主要面向本地商超，销售量较大，解决了生产规模的问题；而差异化的中药材变蛋和富硒变蛋价格更高，销售价两三元/颗，通过线上渠道销往外地，获得更高的利润。

2019 年，一栋 500 多平方米的生产车间建成了，2020 年成功申请产品 SC 认证。经过努力，2019 年鸡蛋变蛋收入近 70 万元，2020 年超过 100 万元，成为合作社主打产品和收入的主要来源。

吴月月自己建设和经营的鸡蛋变蛋加工车间

四、示范化引领

除了鸡蛋变蛋，吴月月的合作社和电商企业还收购和代销周边村民的其他产品，包括蜂蜜、中药材、蕨菜和虫草等，给予村民高于市场收购价的价格，解决以往卖难和价格较低的问题。

吴月月深知自己学历不高，在合作社和企业经营过程中会受到知识面不足的束缚，因此她勤于学习、乐于分享，早在2018年9月就考取了创业培训师证书。

几年来，她主动参与县、镇两级组织的电商培训活动并且为大家授课，公司也搭建了免费的培训教室和直播间，积极带动当地妇女从事电商创业，教给她们必要的技能，鼓励女性勇于改变自己，让自己活得更有价值。当地有多位带孩子的宝妈帮助她分销产品，获得了额外的收入。她还积极联络在外工作的南阳籍老乡，让他们帮助把产品销售出去。目前，吴月月的电商企业已经在淘宝、拼多多和快手等平台开设店铺，覆盖了不同的用户群体。

在发展过程中，吴月月注重建立农业产业利益联结机制，合作农户可以获得务工、供货、分销和分红等多方面的收益。几年来，一共有60多户贫困户在合作社务工，其中20多户长期务工，日结工资80～100元/人，实现了她们在家门口就业的需求，有利于照顾家庭。经过县镇两级党委和政府认定，吴月月一共带动了13户贫困户脱贫致富。

她还主动帮助残疾女性，鼓励她们自强自立。通过从事农村电商的创业项目，这些女性不但可以获得收入，还能让她们的人生更为精彩。吴月月常说，一定要完成从农村妇女到女商人的转变。

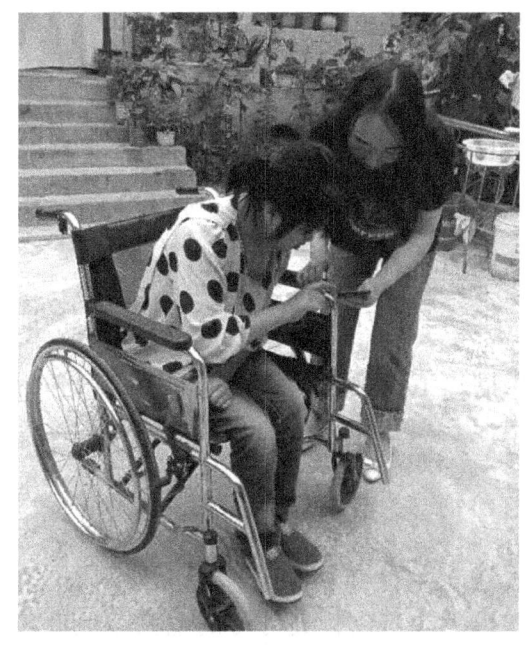

吴月月帮助村里的残疾女性学习电商，掌握运营技能

功夫不负有心人，吴月月的选择取得了令人满意的成绩，证明农村妇女创业同样可以出彩。村里人和家人逐渐改变了对她的看法，公公婆婆也主动开始帮忙。二位老人不顾年迈，一直帮着照料生产车间、接送和照顾孩子，给予儿媳力所能及的支持。

经过几年的努力，吴月月的合作社逐步还清了之前两笔带贫资金，建立起规范健康的财务管理制度，步入快速发展的轨道；同时通过其他途径完善与村民的利益联结机制，继续承担社会责任。2022年1月，在"万企帮万村"项目的扶持下，她在宕昌县城开了一家线下店铺，与全县各乡镇的13家合作社建立合作关系，代销他

案例 9　吴月月：源于电商的巾帼带头人

们的优质产品，实现了线上线下融合，探索县域范围内电商与周边行业的协同发展模式。

吴月月在县城的线下店

【参考阅读】

2015 年 10 月 17 日，全国工商联、国务院扶贫办、中国光彩会正式发起"万企帮万村"行动。该行动以民营企业为帮扶方，以建档立卡的贫困村、贫困户为帮扶对象，以签约结对、村企共建为主要形式，力争用 3 到 5 年时间，动员全国 1 万家以上民营企业参与，帮助 1 万个以上贫困村加快脱贫进程，为促进非公有制经济健康发展和非公有制经济人士健康成长、打好脱贫攻坚战、全面建成小康社会贡献力量。

2020年11月，全国工商联、国务院扶贫办授予100家民营企业全国"万企帮万村"精准扶贫行动先进民营企业称号。

五、榜样的力量

抱着"让家人生活更好"的朴实想法，吴月月由一名创业"老兵"蜕变成为电商"新兵"。几年来，她克服了许多困难，一步一步坚持下来。她的创业项目，从规范化到规模化，再到示范化和可持续发展，形成了一整套具备推广价值的经验，值得广大农村电商创业者学习借鉴。

首先，创业者不仅要有梦想，而且要为之坚定不移地付出努力。

吴月月出生在农村，原生家庭的环境对她影响很大，父辈们的辛苦劳作、母亲的谆谆教导她时刻记在心里。后来无奈辍学，让她失去了难得的学习机会，因此她十分渴求知识，希望自己具备自食其力的技能，无论是学习裁缝技术，还是学习电商运营，都有内心的梦想作为支撑。

吴月月能吃苦。回顾一边开服装店挣钱，一边建设生产车间时，她是既辛苦，又心酸，每天往返几公里手推平板车拉货，孩子照顾不到，自己也不能按时吃饭和休息。这是创业者艰辛付出的常态，特别是贫困地区的女性创业者，面临的困难更大。但不经历风雨，怎么可以看到彩虹的绚丽？

其次，选择创业项目要有可行性，一定要作为事业去规划和定位。

在选择电商创业之前,吴月月先后从事多个领域的创业项目,但由于种种原因最后基本都放弃了,这既有市场大环境变化的客观影响,也有个人能力和知识面不足的主观因素。人人皆知创业风险极高,可以说是九死一生,因此选择具有可行性的创业方向,一切从实际出发,审时度势调整方向和策略,在很大程度上决定了创业最终的结果。

不同于其他以轻资产或者单一分销为主的电商创业者,吴月月从一开始就建立了"合作社+电商企业+农户"的发展模式,选择从事资产相对较重的生产端,自己生产和销售鸡蛋变蛋产品,拓展多方面的销售渠道;还通过产品分级提升了附加值,在创业初期解决了生存和发展的问题,补强了产业链。实践证明,这条道路适合她,也是她的项目最终能够走向规模化、示范化和可持续发展的前提。

最后,创业者一定要顺势而为,用足政策红利,方能实现快速发展。

吴月月在电商创业初期,选择销售宕昌当地的农副产品,而不是自己更为熟悉的服装等商品,得到了当地政府的扶持。在打赢脱贫攻坚战的关键时期,合作社先后获得了两笔宝贵的带贫资金,解决了当时基础设施建设的燃眉之急。在公司发展步入正轨后,她及时主动偿还了资金,确保今后完全按照市场经济规律经营自己的企业和合作社。

2021年底,吴月月积极参与"万企帮万村"项目,最终在县城开通了自己的线下店铺,实现线上线下联动,为全县及周边县区销售产品,拓展了销售渠道,开始在县域范围内探索农文旅商多业态的协同发展。

六、领头雁

吴月月是土生土长的宕昌人,生于斯,长于斯,宕昌是她的家乡,更是她梦想萌芽和扎根发展的地方。

她心地纯洁善良,始终心怀责任,在自己取得一定成绩的同时,不忘回报家乡,帮助更多的乡亲。

2019年以来,宕昌县南阳镇下付村引进树莓项目,种植面积已达到200多亩。除了鲜果采摘销售外,还通过深加工成为树莓罐头、果酱和果酒等高附加值产品,发展了特色产业,增加了农民收入,壮大了村集体经济规模。吴月月主动帮助分销产品,在树莓采摘季节还多次策划组织直播活动。下付村党支部书记、树莓种植和加工项目负责人杨君兰感慨地说,这几年的销售全靠吴月月了。

2022年下半年,吴月月通过自己的直播间为村民销售农特产品,其中就有当地著名的腊肉和猪头肉等,她的初心和使命是带领更多村民"触网"创富。11月7日,《甘肃经济日报》第四版在醒目位置刊登了文章《宕昌破壁农产品"最初一公里"》,进行专题报道。

吴月月除了经营好自己的合作社和企业，还担任南阳镇电商扶贫双创中心负责人，是名副其实的"电商英雄"。她鼓励广大农村妇女共同发展，特别是带孩子的宝妈和残疾人等，并给留守儿童送去关爱，认真践行"扶志＋扶智"理念，为村民赋能，放大了电商扶贫的普惠意义。

通过数年的努力，吴月月的合作社和电商企业，成功构建了集产品研发、生产、加工、销售和务工于一体的利益联结机制，让更多乡亲从中受益。她很早就注册了"良诚月月"和"良诚蜜月月"两个商标，注重产品设计和营销推广，努力改进服务细节，提升用户体验感，源源不断地把宕昌本地优质的农副产品销售到全国各地。

她不仅自己积极创业，还经常鼓励身边的姐妹们一定要勇于改变自己，在市场经济的大潮中成长，并且处理好家庭、客户和同行三者的关系，每个人都能拥有自己理想的人生。

创业者值得敬重，我们的社会需要大力弘扬企业家精神，在广大农村地区尤其如此。长期以来，在城乡二元结构的固有社会体系下，公共服务水平不均衡，农村人才相当匮乏，空巢化和留守现象较为普遍，那些勇于挑战自我、在自己家乡大胆创业的人难能可贵，更需要得到政府以及全社会的关注和支持。

吴月月就是其中的佼佼者。她多年来的努力，正在形成示范效应，自己也获得了诸多荣誉。2018 年，她被选为甘肃省第十四次妇女代表大会代表，并且被省妇联授予"全省脱贫攻坚巾帼带头人"，同年被陇南市授予"电商扶贫英雄"；2021 年被评为"陇南市首批乡村振兴优秀乡土人才",公司被市妇联授予"陇南市乡村振兴巾帼示范基地"。作为陇南市第五次党代会代表,她倡导党建引领,公司很早就成立了党支部,努力发挥好先锋模范作用。

荣誉属于过去,奋斗才有未来。乡村产业振兴,离不开更多像吴月月一样努力拼搏的创业者。在未来发展的道路上,她初心依旧,信心满满,还是那只带领乡亲们走向共同富裕的"领头雁"。

媒体报道

● 吴月月所在的宕昌县南阳镇下付村的村民们祖辈以种地、打工为生,日子过得很拮据。但这两年来随着电子商务在当地如火如荼地发展,下付村村民们的生活水平逐渐提高。

已成为村里电商创业带头人的吴月月乐滋滋地说,这都是电子商务的"功劳"。宕昌集中发展电商以来,不少"目不识丁"的农户经过培训变成了"电商达人"。仅半年时间,她网店的交易额突破了 40 多万元,这对农民来说是"做梦都不敢想的事"。

资料来源:中国新闻网,http://district.ce.cn/newarea/roll/201901/16/t20190116_31278012.shtml。

● 正值收获季,在宕昌县南阳变蛋产品包装销售车间、鲜树莓采收存储现场,涌现出众多乡村"直播间"。每天晚上 8 点半,乡村振兴巾帼妇女助农"良诚月月直播团队"通过直播带货,把家乡的

案例 9 吴月月：源于电商的巾帼带头人

"山珍"农特产品推向全国。

"搭乘直播带货的东风,绽放宕昌新魅力。我会带着村民'触网'创富,努力实现家家有项目,户户有网店,人人有钱赚。"巾帼致富带头人、良恭河畔月月电商达人吴月月不仅自己抢抓电商风口实现了创业梦,还带领更多村民走上"共富路"。

资料来源：甘肃经济日报, https://szb.gansudaily.com.cn/gsjjrb/pc/con/202211/07/c48841.html。

◉ 宕昌县"万企兴万村"助推乡村振兴。南阳良诚农特产品农民专业合作社开展消费帮扶,带动农户 66 户,收购加工周边群众土鸡蛋、羊肚菌、中药材等农味土特产,累计销售收入 200 多万元。

资料来源：新甘肃·甘肃经济日报, http://www.gsjb.com/system/2021/12/20/030468517.shtml。

| 案例 10 |

越挫越勇：王谢红的返乡创业路[*]

康县王谢红大学毕业后，先在外地发达地区工作一段时间，2017年返回家乡创业，从单一的农产品线上销售开始，后来联合村民成立合作社开始种植中药材等，不断延伸产业链，拓展服务领域。在激烈的市场竞争大潮中，他和团队越挫越勇，增强了判断和应变能力。相信在未来农村产业振兴的大背景下，他的创业道路会越走越宽广。

康县位于陇南市南部，地处秦岭南麓，境内风景秀丽，但交通不便，长久以来农产品出村进城存在一定的障碍。2013年以来，陇

---

[*] 本案例由郝志强撰写，作者拥有著作权中的署名权、修改权、改编权；本案例的撰写及发表已取得相关企业及案例当事人授权；由于企业保密的要求，在本案例中对有关名称、数据等做了必要的处理；本案例仅是关于企业发展历程的描述与讨论，并无意暗示或说明某种管理行为是否有效。

案例 10　越挫越勇：王谢红的返乡创业路

南市大力推动农村电商发展，在各项政策的吸引和鼓舞下，一大批青年返乡创业，纷纷从事电商及周边行业，带动了当地农文旅业态融合发展。但是，不管在城市还是乡村，创业都是不容易的，尤其广大农村缺少专业性人才及配套服务，广大创业者也面临团队协作以及紧跟行业发展和市场竞争而不断调整业务方向等诸多问题。

康县望关镇王谢红也是返乡创业者的一员，回到家乡几年来，王谢红和他的团队先后选择农产品线上店铺销售、自建和入驻电商平台、种植中药材、开农家乐和电商直播带货等领域，虽有起伏，但初心依旧。几年的抉择和坚守证明，创业同样需要"越挫越勇"，青春在拼搏付出中闪光，留下的是宝贵的经验以及对家乡越来越深厚的挚爱。面向未来，在乡村全面振兴的历史背景下，他们依然会有大的作为。

2022年冬季的一个夜晚，忙完一天的工作，看着几百件发往全国各地的快递刚刚打好包、整齐摆放等待快递公司来取件，王谢红和团队虽然有点疲惫，但很开心，多年的付出终于有了令人满意的成绩。

回顾几年来的奋斗经历，王谢红感慨一路走来实属不易，尽管目前还面临一些暂时的困难，但很有信心逐步克服。几年来他积累了经验教训，从初级农产品到商品化，再到标准化和品牌化，公司的注册商标"陇来喜"得到了全国顾客的信赖和好评；特别是家人无私帮助他，妻子支持并全程参与创业，都为他继续前行带来了不竭的动力。

一、返乡创业的缘起

康县位于甘川陕三省交界地带,境内气候湿润、光照充足,森林覆盖率高达66.7%,先后获得"中国绿色名县"和"中国最佳生态宜居旅游目的地"等美誉。全县南部各乡镇美丽乡村遍布,景色秀丽,但由于整体经济规模较小,产业结构单一,交通不便,相对闭塞,康县直到2020年2月才正式脱贫摘帽。

王谢红是康县望关镇乱石山村人,2012年考取甘肃农业职业技术学院畜牧兽医专业,2015年毕业后,由于所学专业就业选择面有限,大部分同学会去农牧企业从事技术方面的工作。而王谢红在上学期间对互联网技术很感兴趣,投入了很多的精力自学,毕业后先是来到四川省成都市,在一家农资企业做销售工作,并且第一次了解了电子商务。一年后,王谢红辞职去北京工作,正式从事农资领域的电商运营,从客服干起,工作表现突出,不断晋升,成为区域经理、运营经理和总经理助理。

"北漂"总归不是他真正想要的生活,从小生活在大山深处的他,内心觉得自己永远是这里的孩子,一直希望能为家乡做点什么。2013年,陇南农村电商如雨后春笋般蓬勃发展,大量优质的农产品,期待通过电子商务打开新的宣传和销售渠道,县乡两级政府领导鼓励青年人返乡创业,家人也期盼他能回来。于是,2017年他放弃了收入不错的工作,选择回到自己的家乡。

同年 5 月,王谢红联合其他四位返乡大学生,共同发起成立甘肃陇来喜科技有限公司,其中之一的股东就是他日后的妻子——贾倩倩。倩倩是陇南市成县人,同样毕业于甘肃农业职业技术学院,只不过晚了几届。几位股东都很年轻,志同道合,朝气蓬勃,他们满怀着创业的梦想,不怕辛苦,起早贪黑,无论是夏日的酷暑,还是冬天的严寒,都去山里的村庄收货,通过微博、淘宝店铺和微信朋友圈等渠道销售。

陇来喜初创团队的合影

秋季的时候,康县花椒大量成熟上市,王谢红家也有种植。有一天凌晨 4 点多,妈妈就喊他起床,因为这一天逢集,早点到了农贸市场,花椒可以卖个更好的价格。但是在传统交易渠道下,花椒收购商刻意压价,农民辛苦种植采摘,但是对价格和利润没有控制权,销售不畅、增产不增收和价格波动起伏等问题时有发生,这也是单一从事种植的农民心中的长久之痛。王谢红在帮助家人的同时，深切感受到缺乏自有销售渠道的被动，他暗暗下了决心，一定要把农村电商做起来，让乡亲们的优质产品不愁卖，而且卖出更好的价格。

市、县和镇领导非常关心返乡创业的大学生们，力争为他们创造更好的环境，望关镇党政领导一直面对面鼓励王谢红和团队，这让他们没有后顾之忧，坚定信念，毅然决然地在创业道路上快速奔跑。

二、多渠道尝试

公司刚刚成立时，他们主要销售从康县农村收购的初级农副产品，如蜂蜜、木耳、香菇和野生猕猴桃等，通过微信朋友圈、淘宝店铺和拼多多等渠道进行销售。

2018年，在入驻的头部电商平台之外，公司还自建了基于微信公众号的商城"陇来喜"，探索在私域流量下的营销和客户服务方式。除了正常的产品陈列和销售外，还创新地推出了"合伙人"分销机制，顾客下单后如果把链接发给他的朋友，朋友再下单后，分销人将获得相应的佣金奖励。

通过这一借势社交网络的营销模式，公司很快获得了200多位合伙人的信任，既有本地熟人，也有外地的朋友，极大地促进了产品的销售。此外，产品类目不断拓展，除了康县本地，他们还代销周边成县、武都区和宕昌县等地的优质特产,入驻其他线上平台,精心做好供应链服务。

此外,公司还与本地化的其他电商企业合作。如2019年3月入驻甘肃陇美电子商务有限公司的电商平台"陇美",累计上架销售了30多款陇南本地特产,专注做好后端的发货和售后服务,实现了强强联合,其中2019年上半年单月最高销售额突破万元,达到了全渠道布局的效果。

三、合作社惠农

公司成立初期,产品种类不丰富,而且大多数初级农副产品缺乏SC认证资质,限制了与一些大的平台和商超进行供货合作。此外,有的供应商直接供货的商品,也面临顾客大批量采购时通过包装上的厂家信息直接联系的问题,导致平台C端客户的部分流失。

一味代销不是长久之计,受限于没有自己的核心产品,王谢红和团队痛定思痛,觉得不能一直"为他人作嫁衣"。要增强自己的竞争力,从根本上解决这一问题,必须从生产端入手。2017年9月,王谢红发动自家亲戚和本村村民,包括他自己,每户投入6万元,合计30万元,作为启动资金成立康县一碗水种植农民专业合作社,注册地就在他家乡的村庄,他担任理事长。

合作社先后流转了300亩土地,其中部分为撂荒地,王谢红打算按照标准种植黄芪、马蹄大黄等中药材。他们采购种苗,精心照料自己的田地。到第二年，合作社的基地发展成为康县当时最大的中药材种植基地，众多媒体争相报道，市、县、镇领导也多次前来参观考察。

但是，当王谢红和乡亲们信心满满等待收获的时候，现实给他们浇了一盆凉水。首先是种植管护过程中出现了一些问题，在雨水充沛的时候，田地里杂草丛生，影响了中药材的产量和品质；其次，他们的选品经验不够，对于一辈子种地的村民来说，种植庄稼和中药材的技术有很大的不同，而且不同药材的管护方法也有差异；最后，他们应对市场变化能力不足，没能在行情较好时抓住机会及时出手。

结果可想而知，种植和销售的问题都没有解决好，但是种苗、管护和务工的成本是固定的，辛苦几年下来，合作社一直处于亏损的状态。

王谢红深知，合作社股东和村民们出于信任才愿意和他合作，因此在困难的时候，他也坚持按时给大家发工资，从来没有拖欠。有的股东坚持不下去了，选择退出，他非常理解，自己却一直凭借对家乡的热爱和情怀坚守，而且初心依旧，始终认为自己的选择是正确的，暂时的挫折相比更久远的创业道路算不了什么。

尽管合作社没有实现盈利，但经过几年来的努力，成功构建了"电商企业＋合作社＋农户＋基地"的运营模式，公司及合作社与望关镇5个行政村的73户农民建立了合作关系，一共获得产业扶贫发展资金33万元。针对资金入股合作社的建档立卡贫困户，公司每年按照股金的8%足额兑现分红，加上农产品电商销售和合作社务工等，确保了合作农户年收入达到 5000 元以上，充分印证了电商扶贫助农的普惠价值，为巩固拓展脱贫攻坚成果奠定了坚实基础。

合作社开展惠农助农活动，促进农民收入增长

四、停不下的脚步

康县是旅游资源大县，境内自然风景独特，旅游景点众多，包括国家 4A 级景区的阳坝生态旅游风景区和花桥村景区等。2020 年，"一带一路"美丽乡村论坛会址永久落户康县长坝镇福坝村，这必将带动周边武都区、成县以及四川、陕西等地游客前来观光游玩。在发展电商的同时，王谢红和团队敏锐地把握到其中的商机。2020 年 6 月在望关镇政府的支持鼓励下，镇上第一家农家乐"康县天然居休闲农庄"开业了，为游客提供餐饮、休闲、垂钓和采摘等服务，而且采购当地菜农种植的优质蔬菜，让游客在旅途疲惫时多了一处

歇脚之地，完善了乡村旅游的服务体系。

电商从业者多，但在相对闭塞而且人才匮乏的农村地区，很多基础性服务却没有提供者，同时广大传统企业也有转型数字经济和品牌化运营的需求。公司团队很早就意识到了这个市场的空白。2017年6月，部分成员作为股东，成立了甘肃陇青创联商务服务有限公司，主要经营范围为商标、知识产权、农牧业技术、质量体系认证和企业管理咨询服务等，这在当时康县境内属于独家服务，几年来为数百家企业提供了商标的咨询和代理注册，解决了本地化服务的问题，得到客户的信赖，也让康县更多传统企业充分重视品牌营销和知识产权保护。

此外，公司团队还积极参加电商培训，王谢红获得了工信部电商培训讲师资格，在康县实施国家电子商务进农村综合示范项目时，他作为培训讲师，为多地举办培训班授课，平时也通过各种方式，为村民讲解，普及国家涉农政策及电商运营方面的知识。2019年5月，在康县举办的首届电商扶贫讲师大赛上，他荣获一等奖的好成绩。

五、直播带货

陇南电商过去10年的不平凡历程，从县域经济和农村现代化发展长远来看，其背后无形的力量，远胜于仅仅通过互联网销售农产品的单一价值。在这些返乡青年中，有的已经小有成就，不仅从事电商，还拓展到了生产、加工和平台运营方面，积极融入线下业态；

有的尽管在发展过程中遇到过一些暂时的挫折,但他们热爱自己的家乡,在创业过程中能够不断调整,终究也能收获属于自己的成功。

王谢红属于后者,返乡创业多年来,他从刚开始单一通过电商销售农产品,拓展到流转土地种植中药材、自建商城与入驻大平台相结合,探索多种形式的互联网营销方式,又审时度势在镇上开了第一家农家乐,完善了农文旅综合服务的链条。

从2021年下半年起,公司团队又紧跟互联网流量转移的发展趋势,开始尝试直播带货,注册了抖音企业号和抖音小店,账号昵称是"陇南红哥特产",迄今为止已经发布了200多条视频,收获20多万次点赞,最高一条点赞数达到4.6万。

王谢红带领团队开展直播助农活动

王谢红的视频作品以如实记录农村生活为主,包含上山采药、摘木耳、砍竹笋、蜂巢取蜜等,这些新奇有趣的真实画面,城市消费者很感兴趣，也激发了很多人对农村生活的记忆和向往。其中有一条自我介绍的视频，他质朴的形象，平实的话语，让人隔着屏幕都能感受到他和团队的初心使命，那就是解决农产品销售难的问题，通过电商让农民的生活变得更美好。

王谢红的抖音店铺名称为"陇南优质农产品"，上架了陇南、定西多地的优质产品，包含核桃仁、核桃油、枣夹核桃、土豆粉条、蕨根粉、茶树菇、土蜂蜜、银耳等。开通店铺一年多的时间，通过短视频带货和直播推广，他们取得了不错的成绩，店铺口碑值达到4.49，超过了42%的同行，这在相对闭塞和物流条件落后的陇南山区实属不易。

王谢红创业几年来，尝试了很多服务形式，他的努力与坚守是康县和陇南市众多返乡创业青年奋斗的缩影。源自2013年的陇南电商扶贫模式，不仅让众多养在深闺人未识的优质农产品走出了大山，卖出了更好的价钱，也让众多在外工作的年轻人主动返乡，并且长久扎根下来，打拼属于自己的一片天地。

这"一进一出"的双向流动，是电商扶贫的生动实践，不仅在很大程度上解决了农产品销售的问题，更促进了人才回流和创新创业，为下一步乡村全面振兴提供了重要的产业和人才基础。

六、宝剑锋从磨砺出

面向未来，王谢红对自己家乡的发展充满信心，特别是在国家

案例 10 越挫越勇：王谢红的返乡创业路

大力推动农村产业振兴、电商与乡村旅游协同发展的时代背景下，青年创业者们一定可以大有作为。

回顾自己返乡几年来的历程，在农村这片广阔的舞台上，王谢红和团队付出了很多，无论是在合伙人选择，还是在创业方向定位方面，都积累了宝贵的经验，这让他们在未来的创业道路上能够做出更好的决策，最大限度规避可能出现的风险。

曾经有一段时间，外地的朋友建议他离开康县，前去经济更发达的地方创业，甚至是武都区、成县这样电商氛围相对更为浓厚的周边县区，但王谢红没有丝毫动摇。康县是他的故乡，儿时的记忆、父辈们艰辛的劳作、自己经营企业和合作社的责任感，都让他永远无法割舍。他觉得唯有继续努力奋斗，更好地识别和化解风险，不断调整创业方向，不辜负乡亲们的信任和重托，才是自己应该做好的。

新的项目落地在康县望关镇沈家湾村

在王谢红的心中，创业是一种坚守，更是无尽的探索，他对未来始终充满信心。如今，这位"90后"的小伙子，马上"三十而立"，但已经是一位创业老兵，在自己选择的道路上摸爬滚打了很多年，使他变得"越挫越勇"。妻子和他一起创业，儿子在茁壮成长，生命的传承是个奇妙的过程，而对创业拼搏的信仰，是他永远无悔的选择。

"宝剑锋从磨砺出"，陇南电商的虹吸效应，让更多在外工作的青年人纷纷返乡，他们在自己的家乡干事创业，而且可以长久地坚持下来，有利于夯实未来县域经济高质量发展的人才基础，解决广大农村地区普遍存在的留守和空巢化社会问题，王谢红就是其中的佼佼者和实干家。在我国全面推动乡村振兴的历史背景下，他们奋斗的足迹一定会被见证和记录下来。

媒体报道

王谢红于2015年大学毕业后，先后在成都、北京等电商公司工作，受陇南市大力发展电商产业的感召，与四个返乡大学生在康县望关镇创建了甘肃陇来喜科技有限公司，通过电商平台来解决当地农副产品卖难问题。

"我们不仅在淘宝上销售农副产品，还在小程序、微博橱窗、拼多多、抖音上帮农民销售农副产品，并帮助当地群众代缴水电费、电话费、购买火车票等，让他们享受到网络时代带来的便捷。"王谢红向记者介绍。

在发展电商平台的同时,王谢红创业团队又将目光瞄准了一片撂荒的土地。2017年9月,他联合村里几位长辈成立了康县一碗水种植农民专业合作社,种植以黄芪为主的中药材300亩。收获的黄芪经过初加工后制成中药饮片,包装后在网上销售,形成了"电商企业+合作社+贫农户+基地"的运营模式,让线下产业与电商销售平台结合,带动贫困户共同致富。截至2018年底,公司签约贫困户72户259人,带动其他农户126户。

资料来源:中国甘肃网,http://gansu.gscn.com.cn/system/2019/03/25/012132807.shtml。

● 康县在大力培育新时代新风尚的同时,依托各种机构,有针对性地开展种植、养殖、餐饮服务等专业技能培训,激发群众回乡创业的积极性,涌现出了岸门口镇朱家沟村支书朱彦杰、长坝镇花桥村返乡青年杨明霞、白杨镇竹园村创业能人张小艳、望关镇乱石山村返乡大学生王谢红等一批回馈农村的先进典型,带动了发展,富裕了乡民,较好解决了农村空巢老人、留守儿童等社会问题。

资料来源:甘肃农民报,http://gsnmb.gansudaily.com.cn/system/2019/07/16/017226086.shtml。

● 近年来,王谢红依托"电商企业+合作社+贫困户+基地"的运营模式,大力发展线下产业和电商平台带动贫困户脱贫致富,累计为农户提供临时就业岗位280余人次，带动就业128人，其中建档立卡户56户，2019年累计分红76000元，签约带贫4村72户226人。

望关镇是康县的北大门，随着2019年康县整县脱贫退出，乡村振兴拉开了帷幕，王谢红瞅准这一机遇，又有了新的思考和计划——发展乡村旅游，打造一条新的农业生态产业链。

2020年6月，王谢红在望关镇贯上村创办了"康县天然居休闲农庄"，为游客提供餐饮、休闲、垂钓、采摘等服务。

"农家乐办起来后，除了收购村民们自己种的蔬菜、水果等农特产品，还将吸纳农户发展订单农业，自己需要什么，就让村民种什么，从而形成一个自产自销的产业链。"说起未来发展，王谢红充满信心。

资料来源：陇南日报，https://szb.gansudaily.com.cn/lnrb/202011/04/c218688.html。

案例 11

郭文平：一步步破解
"茶香也怕巷子深"的难题[*]

陇南是甘肃省独有的茶叶种植地区，所产的绿茶、龙井茶、红茶等久负盛名，是当地群众收入的主要来源，但是长期以来由于缺乏深加工和品牌化，茶叶的附加值一直比较低，仅仅在本地区有一定的知名度，难以走出大山深处，甚至尴尬地以其他知名的产地作为包装进行销售。

郭文平是文县碧口镇人，他青年时期参军入伍，退役后重操祖辈的旧业，开始收购和销售本地的茶叶，生意起步非常顺利。2008年5月四川大地震发生后，陇南也不同程度受灾，他自告奋勇帮助

---

[*] 本案例由郝志强撰写，作者拥有著作权中的署名权、修改权、改编权；本案例的撰写及发表已取得相关企业及案例当事人授权；由于企业保密的要求，在本案例中对有关名称、数据等做了必要的处理；本案例仅是关于企业发展历程的描述与讨论，并无意暗示或说明某种管理行为是否有效。

村民销售滞销的茶叶，得到了大家的信赖和认可。2014年至今，郭文平带领团队投入电商运营中，让家乡优质的茶叶插上互联网营销的翅膀。他们通过推广品尝装、策划众筹活动以及线上结合线下等营销渠道，使茶叶销售量有了极大提升，为当地脱贫攻坚和茶农收入增长做出了积极的贡献。

在未来企业经营中，郭文平将牢记军人的责任感和使命感，退役不改本色，用心经营富民产业，带动更多茶农种植好茶，让优质的茶叶走出大山深处，走向世界各地，促进这一特色产业实现高质量发展。

2022年9月，郭文平和团队忙碌几个月后，公司旗下位于陇南市武都区的线下店开业，前来祝贺的既有亲朋好友，也有一直以来与他合作的渠道伙伴，大家都为他多年来诚信做人、努力经营企业的精神所折服，祝愿接下来布局线下门店的发展之路越来越好。

宽阔的茶台上，郭文平坐到最中间的位置，只见他娴熟地选择了自己手工炒制的龙井茶，用80多度的开水冲泡，每人一杯，叶片在杯中欢快地飞舞跳跃，茶香袅袅，沁人心脾。大家坐在一起，说友谊，讲往事，谈未来，很是尽兴和畅快。

回顾自己早年入伍、之后返回家乡创业打拼至今，郭文平觉得虽有艰辛，但对自己的选择无怨无悔，既让茶叶种植和加工的事业在这代人手中得以传承延续，又能帮助广大茶农，借助互联网渠道让陇南茶叶的知名度得以迅速提升，面向更为广阔的市场，甚至走出国门。作为阶段性总结,郭文平认为自己的事业已经产生了多重价值,对未来的发展充满信心。

一、返乡创业

文县,位于甘肃省最南端,地处甘陕川三省交界,曾是多年的国家级贫困县,但这里气候宜人,素有"陇上江南""甘肃的西双版纳"等美誉。文县碧口镇,与康县阳坝镇和武都区洛塘镇以及周围的几个乡镇,形成了一个三角地带,是甘肃省独有的茶叶种植区域。2016年,"陇南绿茶"正式成为国家地理标志认证产品,证书持有者为陇南市经济作物技术推广总站。

【参考阅读】

陇南绿茶地理标志产品的认证区域位于陇南市的文县、武都和康县相接壤的三角地带,属北亚热带湿润与暖温带湿润过渡气候区,地理位置为北纬32°42′~33°48′,东经104°41′~106°08′,属江北茶区的最北缘地带。分布范围为文县碧口镇、中庙乡、范坝乡、刘家坪乡,武都区洛塘镇、裕河乡、枫相乡、五马乡,康县阳坝镇、两河镇、铜钱乡、白杨乡、三河乡等三县(区)的13个乡(镇)、148个行政村、755个社,有1.93万户农户,宜茶面积16667公顷,年产量5000吨,年产值8亿元。

郭文平是土生土长的文县碧口人,家族也是远近闻名的茶叶世家,他早年参军入伍,退役后返回自己的家乡。21世纪之初的文县,山大沟深,交通不便,贫困面很大,广大茶农尽管常年种植茶叶,但由于没有品牌化和深加工,"茶香也怕巷子深",基本依赖外地客商上门收购,利润很低,有的茶农甚至选择了放弃,改为种植其他粮食作物。

退役归来初期,郭文平并没有打算销售茶叶。婚后不久,他和妻子来到千里之外的浙江省绍兴市打工,闲暇之余,主动向当地茶农和茶商学习茶叶的种植、加工、包装和销售方面的知识。发达地区先进的管理和营销理念,让他看到了差距,也激发了他返乡创业的想法。一年半后,他选择回到自己的家乡,继续祖辈的旧业,成为一名茶叶经销商。

这是郭文平第一次创业。他在文县碧口镇有了自己的门店"陇上春茶店",收购附近茶农的茶叶,包装后出售。凭借着自己一颗诚心经营,加上多年来积累的人脉资源,他很快小有成就,尽管偶尔会有欠账,但总算有了很好的起步。

郭文平位于文县碧口镇的门店

2008年5月12日，一场突如其来的大地震降临，毗邻四川的文县是甘肃省重灾区之一。回忆起那天的经历，郭文平还是心有余悸。当时突然天摇地动，房屋不断倒塌，他自己也被埋了，但幸而很快脱险。地震不仅给人民群众的生命财产带来了巨大的损失，也让当时刚刚上市的绿茶瞬间没了销路，看着过去一直合作的茶农们愁眉不展，郭文平也是急在心里。

办法总比困难多，震后不久，他果断收购了2吨茶叶，冒着余震不断和道路随时坍塌的危险，开车七八个小时来到省城兰州，打算主动找销售渠道，结果线下商超给的收购价太低，还不够成本。情急之下，郭文平想了个办法，他来到市中心的东方红广场，在脖子上挂了一块牌子——"来自地震灾区的茶叶"，给过路的行人讲述地震的亲身经历，恳请得到帮助。大家听了很感动，纷纷献上一片爱心，购买他的茶叶，一会儿就卖了几百斤，之后几天带来的茶叶也销售一空。

时隔十几年，郭文平回忆起这段令人难忘的经历，都对省城人民充满了感恩。这次主动出击的销售，不但让每斤茶叶的销售价多了5元，也坚定了他和乡亲们继续种植和销售的信心。

二、品牌化之路

2010年9月，在茶叶销售行业打拼好几年后，郭文平成立了自己的第一家企业——文县碧口陇兴茶业有限责任公司。他再次坚定了要扎根自己家乡创业干事的决心。

同年,公司先后申请注册了两个商标——"陇上四十三"和"陇上春"。前者定位于高端产品,后者则是普通绿茶,而且选择了两个类别,受众范围更广。在品牌化运营的同时,公司的产品线也逐步丰富,龙井茶分为不同的品种和规格,加工工艺不断提升,还开发了红茶、白茶和碧翠等新的品类。

经过努力,郭文平和团队 2010 年销售额完成 80 万元,2011 年翻了一番多,达到近 200 万元,2013 年超过 300 万元,在当时文县碧口镇几家茶叶企业里,销售量名列前茅。

三、转型电商

2013 年以来,陇南电商快速起步,如火如荼,席卷各地。郭文平敏锐地把握到其中的商机,觉得电商是未来商业发展的趋势,而且可以有效消除"欠账",解决资金流转的问题,值得重点布局。在县电商中心和碧口镇政府工作人员的帮助下,2014 年 4 月,郭文平开始主动"触网",注册了淘宝店铺,成为全国首批扶贫网店之一。但一开始由于知名度不高,加上没有流量,销量一直徘徊在低位。

一个偶然的机会,一位北京的顾客经主动询问后,得知是文县碧口的本地绿茶,毫不犹豫地购买了 10 斤,付款 800 元。这次交易很顺畅,也让郭文平和团队充分感受到电商的强大力量。在过去的认知里,在陇南市范围之外,几乎没有人相信甘肃是茶叶的产地。

案例 11 郭文平：一步步破解"茶香也怕巷子深"的难题

之后他们信心更足，加大投入，实现线上线下销售相结合。

在陇南市和文县脱贫攻坚的过程中，电商发挥了独特的作用。郭文平很早就意识到这一点，2015年他向碧口镇和县电商中心提出践行"电商扶贫"理念的想法，得到高度重视。他首批主动与碧口镇马家山村22户贫困户签订帮扶协议，期限为3年，之后扩大到碧口镇、范坝镇和中庙镇几百户贫困户，以高出市场价10~20元/斤的价格收购他们的鲜叶，并且给予建档立卡贫困户免费使用茶叶加工设备的优惠，以及给种植户补贴快递费和包装等成本，最大限度让利给他们。

郭文平和村民一起研究茶叶炒制技术

郭文平善于通过源头追溯和讲故事等方式进行营销，他和茶农在茶园里手持身份证拍照，作为产品详情页的一部分上传到店铺，既展现了茶农真实、质朴的一面，也让广大顾客产生了充分的信任感，订单量不断增长。当看到茶叶卖上了更好的价格，碧口龙井茶和绿茶的知名度持续提升甚至供不应求时，过去一些放弃种植茶叶的农户也纷纷重操旧业。电商作为终端销售渠道，对种植和加工产业产生了显著的推动作用。

郭文平为产品定制了 5 克的试用装，利用线下展会、会议和旅游景点等场景赠送，网络顾客也可以包邮品鉴，让不了解的顾客先免费体验。这样的营销方式为他提高了信任度，顾客经过品尝后赞不绝口，线上转化率很高，有的成为一直复购的忠实粉丝。

淘宝店铺的顾客如果下单购买了扶贫产品，郭文平还会额外再赠送一注全国福利彩票，既可以自选，也可以机选。虽然仅有 2 元投入，但给了顾客超出期望的福利，有一位幸运的顾客竟然中了几千元，从此和他成为很好的朋友。在网络上，郭文平被网友们亲切地称呼为"诚信茶大叔"。时至今日，他都觉得顾客咨询和下单时的提示音"叮咚"，是最美的声音，可以瞬间带走所有的辛劳和疲惫。

他积极组织和参加众筹活动，2017 年在不到一个月时间里，就达成了众筹销售 100 万元的目标，产品除了茶叶，还有当地的蜂蜜、大红袍花椒和中药材等，以及农事体验、采茶和农家乐等线下服务套餐，尝试了农文旅业态协同发展的模式。在他的带动下，团队的互联网营销意识不断增强，比如经典的广告语"一杯陇上春，一份陇南情"，就是通过微信群头脑风暴的方式征集实现。广大网友集思广益、思想碰撞的过程，也无形中为产品做了更好的宣传。

2019 年，郭文平联合茶叶种植户，按照农村"三变"改革的要求,共同发起成立文县陇上春茶叶种植农民专业合作社,主要经营范围是茶叶的种植、加工和销售,与重点面向茶叶销售和其他周边服务的茶叶企业形成了良好的合作关系,采取了"公司+合作社+基地+农户"的带贫合作机制。广大贫困户通过茶叶种植和销售获得了更多的收入,而且在茶叶企业务工也能领取固定工资,参与合作社的农户还可以参与民主管理,年底享受相应的分红。

郭文平将自己带领团队转型电商形容为"弯道超车"。据统计,近年来公司线上销售收入占比超过40%,而且连续几年整体的销售额成倍增长,在很大程度上也得益于电商的赋能,产生了可观的经济效益和社会效益。这些成绩的背后,生动佐证了电商对于产业发展的独特价值。

四、拓展与成长

脱贫攻坚任务全面完成后,我国广大农村地区转入推动乡村振兴的新阶段。作为在茶叶种植、加工和销售行业摸爬滚打了十几年的创业者,郭文平信心更加充足,他主要布局了以下几个方面的新渠道。

一是积极推动跨境出口贸易。2018年开始,通过阿里巴巴国际站等渠道,郭文平的茶叶卖到了智利、伊拉克、俄罗斯、英国、美国和新加坡等16个国家和地区。他儿子大学毕业后,也主动回到家乡,"子承父业",凭借着在大学所学的知识,目前主要负责跨境贸易业务；2019年还在兰州专门学习了几个月。

为了鼓励跨境贸易加快发展，郭文平给予团队每个新订单2000元的奖励，而且在线上推广方面也投入了很大的财力和精力。针对国外顾客的特殊需求，他们主动对接跟进，提供包装定制等服务，努力克服大环境变化带来的不利影响，尽早实现订单交付。

他欣喜地看到，越来越多的跨境订单通过人民币直接进行结算，这是在"一带一路"倡议引领的大背景下，我国综合实力和国际影响力日益增强的显著体现。即便在2022年上半年，也有两个大的订单发往俄罗斯。

二是很早布局直播带货。2018年，郭文平和团队就开始通过抖音和快手进行直播，在早期流量红利期，获得了平台的诸多扶持，产品也迎来了一段时间的火爆销售，特别是他本人作为陇南市和文县的两级人大代表，主动开展直播助农活动，以个人的信用背书，增强了顾客对产品的信任度。他还积极参加公益性直播活动，带领团队走出去。2020年6月，西和县晚霞湖景区的一场直播活动，有5000多人同时在线观看，为当地农产品销售做出了积极的贡献。

在他们的倡导和影响下，现在文县和碧口镇的很多农户掌握了互联网营销和直播带货的方法，纷纷开始通过自媒体进行销售。小小的手机，不但成为外界了解当地美丽风光和特色产业的窗口，也让更多养在深闺人未识的特产搭上互联网营销的快车道，走向更为广阔的世界。

案例11 郭文平:一步步破解"茶香也怕巷子深"的难题

郭文平开展电商直播助农活动

三是拓展更多的周边服务,用科技手段赋能,提升茶叶的品质和标准化程度。由于地理闭塞和人为观念等因素,当地茶农多年来单一地加工和销售绿茶,附加值低;加工方式以人工为主。面对近200摄氏度高温的炒锅,很多年轻人望而却步,不再像父辈那般能吃苦;产量不大时,标准化程度也难以提升。2007年,郭文平第一次引进了龙井茶的加工和炒制机器,他目前还代理销售茶叶加工设备。2021年以来,公司先后申请并且获得了8项实用新型专利,涵盖鲜叶烘干、翻炒和自动称重打包等方面。2022年他的公司被认定为高新科技企业。

四是在武都区开设线下店,实现全渠道运营。2020年以来,尽管面临大环境变化带来的不利冲击,而且碧口门店也遭遇过罕见的洪涝灾害,郭文平还是毅然选择在陇南市武都区东江开设一家线下店,有200多平方米,集茶文化展示、茶叶销售和现场体验于一体。

门店的开业，不仅有利于销售规模的提升，也能完善公司现有的销售渠道，实现线上线下全渠道运营。

2018年10月，郭文平被中国国际电子商务中心评为"中国农村电商致富带头人"。参加大会时，作为甘肃农民的代表，他做了一次分享，介绍自己美丽的家乡：地处白水江自然保护区，这里保护了大熊猫等珍稀濒危野生动物，但也是全国最贫困的地区之一。他重点讲述了当地很多人的经历：年轻时外出打工，把青春奉献给了城市，带回家乡的只有贫困、衰老和疾病，以及由此而来的空巢化和留守儿童等社会问题，导致城乡差距越来越大。正是认识到了这点，他更坚定了立足家乡，为家乡摆脱贫困尽一份力的决心。这次精彩的发言让参会者无不动容。

时过境迁，成功属于智者，更属于勇者和坚守者。郭文平十几年如一日的艰辛付出，正在收获更多的成果。在未来的创业道路上，尽管还会存在这样那样的困难，但他和团队有信心，更有决心，让更多的顾客了解和品味陇南茶叶，让家乡的茶叶卖个更好的价格，让乡村产业振兴的基石更为牢固。

青年时代军旅生涯的锻造，商界数十年的努力耕耘，市县两级人大代表的责任与担当，合作茶农的信赖与期盼，让他丝毫不敢懈怠，永葆新时代退役军人的应有本色，继续努力打拼，继续彰显退役军人的社会责任，为家乡产业发展做出新的更大的贡献！

案例11　郭文平：一步步破解"茶香也怕巷子深"的难题

媒体报道

● 郭文平刚度过一个繁忙的小长假，这位西部茶叶商人就又在家乡碧口镇实施一个电商众筹扶贫项目。他将通过网络帮助151户贫困户销售他们种植的绿茶，参与众筹的网民将被邀请到他的家乡休闲观光。

甘肃省陇南市文县碧口镇是我国目前为数不多的北方产茶区，茶叶已经成为当地的主要农产品，群众靠此脱贫致富。

今年50岁的郭文平已经做了20年的传统茶叶生意。从当年大量购销外地茶叶，到如今通过网络把当地产的绿茶卖出去，郭文平的生意见证了这个西部小镇的发展之变。

资料来源：新华网，http://www.xinhuanet.com/politics/2017-05/04/c_1120915672.htm。

● 今年50岁的公司总经理郭文平是土生土长的文县碧口镇人，深深感受着这片江南风光中村民们的贫困和对脱贫的急切盼望。2014年，郭文平在文县碧口镇电商办公室的帮助下注册了自己的网店。同年，在当地政府的鼓励下，"陇上春"公司与当地贫困户签订保价收购协议，并无偿提供茶苗和相关技术指导和培训。郭文平介绍说："当时政府有个意向，就是找一家企业帮助贫困户脱贫致富。（2014年）我们那时候签订的20户贫困户，现在已经脱贫了。我一共签订了 300 个贫困茶户,其中 100 多户是特困户。我们带动全县的三个乡镇,基本上我们全都给收(购)掉了。贫困户的(茶叶)卖多少钱我们就给他多少钱,快递费、包装费我们都给他承担。我们还帮助贫困户代购一些东西,比如茶叶的加工机械,农户没有多少钱投入加工机械里,我们可以给他们垫付;还有他们在茶叶加工、采摘各方面技术不太好,我们可以定期培训,教给他们技术。"

从当年大量购销外地茶叶,到如今通过互联网把家乡老百姓自己种的茶叶卖出去,郭文平见证了家乡茶叶产业的发展。未来,他计划通过旅游让更多的人认识陇南茶,而这恰恰也是当地政府实施产业扶贫的一部分。

资料来源:中央广电总台国际在线,https://news.cri.cn/20180620/dce5534d-33a0-5d2b-2234-e2d38834917d.html。

● 近日,由中国农村电子商务大会组委会发起和组织的"2018 中国农村电商致富带头人"案例征集及评选结果揭晓,全国共 100 人被授予"2018 中国农村电商致富带头人"称号,我市成县家裕生态农业有限公司总经理张会林、文县碧口陇兴茶业有限责任公司总经理郭文平获得此项殊荣。

郭文平在文县碧口镇经营了十余年茶叶生意,近年来他先后注册了"陇上春"和"陇上四十三"两个茶叶商标,创建了文县碧口陇兴茶业有限责任公司。说起今后对发展电商的打算,郭文平有坚定的信心和决心。他表示,将进一步做好电商销售平台建设和各项服务工作，带动广大茶农发展网上销售模式，切实增加茶农经济收入；同时，不断打造富有陇南特色的网货品牌，让优质的土特产品走出甘肃、走向全国。

资料来源：陇南市人民政府，https://www.longnan.gov.cn/zwzx/ztzl/433zdgz/13446605.html。

案例 12

"鸡司令"尚育康的"网红"成长之路*

尚育康是陇南市成县陈院镇白马寺村人。2015年就在外"闯荡"的17岁的尚育康为了实现心中早有的创业梦想,决定回成县老家养鸡。家人开始坚决反对,没有厂房、鸡得病而死以及缺少资金等,一道道难关都在考验他的初心和决心。

一次突发奇想,他"率领"上千只鸡拍摄短视频并且发布到快手App上,竟然一下子火了。他的粉丝越来越多,通过短视频和直播关注到了他的网店,他养的鸡在网上大卖,甚至一度出现脱销的情况,尚育康也变成了名声显赫的"网红""鸡司令"。

---

* 本案例由杜理明撰写,作者拥有著作权中的署名权、修改权、改编权;本案例的撰写及发表已取得相关企业及案例当事人授权;由于企业保密的要求,在本案例中对有关名称、数据等做了必要的处理;本案例仅是关于企业发展历程的描述与讨论,并无意暗示或说明某种管理行为是否有效。

案例12 "鸡司令"尚育康的"网红"成长之路

白马寺村是尚育康出生的地方,位于甘肃省东南部的陇南市成县陈院镇,村子面积不大,一共只有300多人,除去外出打工和上学的人,常住人口仅剩下100多,基本为留守老人和儿童。

尚育康跟村里其他同龄人一样,从小父母就外出打工,他和爷爷奶奶生活在一起,是个不折不扣的"留守儿童"。初中毕业后,他选择了和父母相同的人生轨迹,先后前往北京、广州、福州、苏州等地方打工,从事过餐饮、电子仪器、房地产等行业的工作。

儿时的记忆,浓浓的乡愁,让他和其他打工同伴内心并不一样——他一直牵挂着自己的家乡,总盼望着等有了足够的"基础"后能回乡创业,干一番事业,让自己的后代过上稳定的日子,可谓身在繁华中,心系宁静里。

一、回乡养鸡 创业艰难

尚育康的家乡是著名的核桃之乡,乡亲们大多以种植核桃为生,但由于山大沟深、交通不便、信息不畅、销路单一等原因,种植的核桃卖不上理想的价格,而且也没有其他多元化的经济来源,收入始终难以持续增长。在外打工的时候,尚育康看在眼里,急在心里,一心想着有机会回到自己的家乡,在家乡就能挣钱,过上稳定生活。

2015年底,尚育康回家探亲后,没有像往常一样踏上返城打工的路,而是决定留在村里养鸡。当时他已经在城市立足,有着稳定的收入,当他说出这个大胆的决定时,爷爷奶奶立刻强烈反对。

"家财万贯，带毛不算"，是爷爷一辈子的经验，更是对尚育康的忠告，意思是即使养了成千上万只鸡，也不能算作是财富，因为鸡身体相对柔弱，极易染病群死，家产便一分不剩，养鸡甚至还不如种核桃树。爷爷认为，尚育康应该去学校学一门手艺再外出工作，这样才能赚钱。对于孙子养鸡这一出人意料的决定，他生气地表示既不支持，也不会帮助。

外表略带几分稚气的尚育康内心却十分坚定，他自幼喜欢小动物，觉得凭着自己的兴趣爱好，加上创业激情和打工时获得的管理经验，一定能够实现内心的梦想。"初生牛犊不怕虎"，尚育康敢想敢干，拿出在外打工两年积攒的 4 万元，购买了 500 只鸡苗开始养鸡。

创业项目正式启动了，一开始没有专门的鸡棚，尚育康便把家里的新房腾出来给小鸡住。天冷，房间温度低，他就架起火炉、插上电暖器，晚上常常不睡觉守着小鸡。为了降低成本，当时鸡场只有他一个人，既要做饲养员，又要当销售员，每天晚上在家养鸡，白天外出卖鸡，忙得不亦乐乎。为了能把自己养的鸡早点卖出去，他骑着摩托车，后座上载着鸡，在全县的农家乐挨个儿推销。

脏、累、苦对任何创业者都是考验和煎熬，年轻的尚育康能坦然面对，因为他有一份雄心壮志和创业激情。可是，最让他难以忍受的是别人的不信任甚至质疑："这是你养的吗？""质量和数量有保障吗？"农家乐老板们看到这个乳臭未干的小伙子，不相信他会养鸡，"年轻人还能吃得了这么大苦？"由于老板们的质疑，刚开始他的鸡根本卖不掉。尚育康一次次费尽口舌，拿出养鸡的照片来证明确实是自己养的，才打开了销路。

功夫不负有心人，市场的评价和认可是对产品品质最好的检验。经过几年努力，尚育康深深意识到，信任是商业活动的基础。随着销售规模的不断扩大，育苗、养殖和出栏等各环节顺畅运转，他觉得自己的选择是正确的，没有什么比创业的成功能让人有发自内心的喜悦。

深夜还在忙碌的尚育康

然而，创业的道路经常布满荆棘，驶向成功的航船从来不是一帆风顺。在返乡养鸡第二年的一天清晨，尚育康最担心、最害怕的事情还是发生了——他准备喂鸡时，发现鸡舍里一半的鸡都得病而死，爷爷的忠告不幸应验。

"当时很难过，亏损了差不多两万元，有点想放弃了。"回忆起当时，尚育康还是有些沮丧。白天怕老乡们看见嘲笑他，晚上一个人含着泪把病死的鸡拉到山上掩埋掉。接下来怎么办？难道就这样放弃，自己的梦想就这样破灭了？摆在他面前的有两条路：进，忍辱负重，继续前行；退，重拾行囊，外出打工。

消沉了几天之后，他坚信，在外的两年好多困难都克服了，这次在家乡创业的难关只是考验他意志的一道坎。他重新振作起来，总结之前失败的教训，在网上学习了更多养鸡知识，还在新鸡舍边搭建了临时住所，不分昼夜照顾小鸡。尚育康的妈妈得知小鸡大面积死亡的消息后，非常心疼自己的儿子，不但把亏损的钱给补上，还帮助重新购买鸡苗，鼓励他摔倒了再爬起来，年轻，怕什么！

经历了这次挫折，尚育康更加勤奋。每天早晨六点半，他会准时起床，用一个上午喂鸡和打扫鸡舍；吃过午饭后，两点左右再喂一次鸡；到了傍晚，再喂一次小鸡。为了鸡的安全和健康，他每周在固定时间给鸡舍消毒。二次养鸡，尚育康在品种上也下了功夫，从广州购买了名为"贵妃鸡"的鸡苗，开始大量养殖这种外观漂亮、抗病能力强的新品种。这次，他的创业项目终于获得了成功。

尚育康从广州引进的新品种——贵妃鸡

二、拍短视频 柳暗花明

虽然第一批贵妃鸡养殖成功了，终于可以出售，但是尚育康也发现，贵妃鸡外观漂亮，看的人多买的人少，"叫好不叫座"，销路又成了问题。最后，他还是通过养殖 QQ 群，才把第一批出栏的贵妃鸡卖了出去。

对比在外打工和回乡创业的不同，尚育康认为环境很不一样："我现在也没什么爱好，每天的生活挺枯燥的，睁眼就是鸡，一直到睡前满眼还是鸡。城市里就不一样了，很繁华，可以逛、可以看的东西特别多。"

为了消磨无聊的时光，尚育康会在养鸡的空隙上网看看小视频，快手 App 上很多农村人拍自己的生活记录，尚育康也萌生了分享养鸡的想法。2017 年，他别出心裁，对上千只鸡进行几十次"训练"，把饲料摆成了心形喂鸡，拍出了"小鸡比心"的视频发到快手上，竟然火了。其实，尚育康当时也没想那么多，就觉得这样做挺好玩的，没想到他的这一突发奇想让养鸡增添了新花样。

尚育康受到了鼓舞，决心把短视频营销坚持下去。为了拍好视频，他花了不少工夫。"我先在地上画好要摆的字，再按照这个字来撒饲料，但是我还没摆好右边的字，左边的部首就基本上被吃完了。"小鸡吃饲料速度很快，但尚育康只有一个人，要负责拍摄、设计、画图案、喂饲料，经常是小鸡都吃饱了，视频却没拍好，只能改日再补拍。尚育康花心思拍摄的视频获得了不少网友的认可,大家纷纷给他点赞和评论,有留言夸赞他有创意,有人想跟他学习养鸡,还有人想买他的鸡。

"有网友说自己经营了一家农家乐,问我能不能卖点鸡给他,于是我就试着发了30只鸡过去,一次就赚了1800元钱,这是我拍短视频做成的第一单生意。"尚育康开心地回忆。

从那以后,关注短视频的网友越来越多,他的贵妃鸡也越来越受欢迎。由于贵妃鸡生长周期长、口味好,鸡肉和鸡蛋常常供不应求。"我现在网上有固定粉丝40多万,去年出栏的鸡几乎都被他们买走了,光靠网上卖鸡就赚了8万多元,终于把之前亏的钱都赚回来了。"尚育康极有成就感地说。

尚育康和贵妃鸡们的创意图案

案例 12 "鸡司令"尚育康的"网红"成长之路

2019年9月，新中国成立70周年前夕，尚育康拍摄的一条题为"2000只鸡花式走位表白祖国"的短视频走红，一度跃登热搜榜第19名，播放量高达1.7亿次，评论1.1万条，点赞13万次。网友评论，"这是最接地气的国庆表白""鸡被你养出了一个新高度"……

视频在网络热传，网友通过短视频关注到他的网店，贵妃鸡的销路广了，尚育康变成了网友口中的"鸡司令"。他以前曾为卖鸡发愁，自从网上卖鸡后，生意红火，一度出现脱销的情况，拍摄短视频也成为他的工作日常。

每当国庆、中秋和春节等传统节日来临，以及有重大事件时（如2022年北京冬奥会开幕），他都会精心拍摄视频，构思、创意、训练、拍摄，格外忙碌。2020年年初新冠疫情发生时，他花三四个小时拍摄的4000只鸡摆出戴口罩医生形象、向医护人员致敬的短视频，发到抖音后迅速涨粉16万，播放量已达到5000多万次。至今，他在各大平台累计粉丝已达100多万。

在此期间，他的养殖规模持续扩大，目前有4000多只乌鸡、近千只贵妃鸡，养殖场地也达到了70多亩，一年的鸡蛋销售额达两三百万元，每天一场直播最多可以销售四五万元，直播间最多在线人数达9万人。2020年，尚育康被评为"2020中国农民丰收节第三届农民电影节最受欢迎农民原创短视频获得者""2020中国助农直播带头人"，成为名副其实的农村致富带头人，被网友们亲切地称为"最牛的养鸡哥"和"山村鸡司令"。

尚育康"花式养鸡"被央视新闻栏目报道

通过短视频和直播,小乡村的养鸡场与外面的世界展开了一次次沟通,尚育康的留守生活也逐渐被看见、被点赞。"暖暖的惬意"是尚育康的快手名,账号上发布的视频内容的确十分惬意:养鸡、喂鸡、给鸡做手术、"戴眼镜"、抱着鸡"飞翔"、让鸡摆造型等。在这些快乐视频的最上方,有尚育康描述自己生活的几句话,其中有两句分别是"从身无分文,到负债累累"以及"我友似成群,却常只身一人",表达了尚育康真实的内心世界。

随着人气越来越高,尚育康的订单也越来越多。2022年,他通过养鸡,收获纯利润达20多万元。面对赞誉,尚育康很质朴地说:"我不是什么"网红",就是个普通养鸡的。"除了经济上的收益,"花式养鸡"也在潜移默化间改变着尚育康的性格。尚育康说自己曾是留守儿童,心里其实很自卑,之前都不太好意思和别人聊天,现在经常开直播,性格也变得开朗起来……

三、创办农场 砥砺前行

上了央视,成了"网红",尚育康一下子成了村里、县里乃至全国的名人,慕名来养鸡场参观学习、洽谈合作的人络绎不绝。虽然每天很忙,但他一直在思考怎样把自己的流量变现,带动村里和周边村民一起致富。他说:"我现在的目标是把养殖场做大做强,带动村里人一起致富,如果年轻人都能在家乡有更好的收入,村里就没有留守儿童了,这些孩子也能过上更好的生活,家家团圆。"

2022年开春,尚育康投资80余万元改建了他的养鸡场,将所有鸡棚迁往后面山坡上,新建了"鸡司令农场"。令人惊奇的是,农场不光种植蔬菜、瓜果,竟然还养殖了鸵鸟、孔雀、小香猪、梅花鹿等动物,一到周末,就成了小朋友的乐园。

尚育康创办的"鸡司令农场"

在很多人看来，这些萌宠应该在动物园里才有，家庭农场适合养殖吗？其实，为发展线下观光农业引流，养殖鸵鸟、孔雀是尚育康一直以来的愿望。他说："我们这里是成县的'后花园'，养殖场附近有成县最大的游乐场，因此，我可以利用这样的优势建观光农场。"除了萌宠外，尚育康还亲手打造了跷跷板、秋千等游乐设施，建设了采摘体验园。

农场养殖的鸵鸟等动物吸引了孩子们的目光

2023年7月，尚育康做了一个更为大胆的决定——开办柴火鸡农家乐。俗话说，隔行如隔山，对一个几乎没有餐饮经验的毛头小伙子来说，这个界跨得太大。身边好多人都劝他，养鸡已经进入收益期，没必要投资餐饮，因为周边已经有数家农家乐，竞争激烈，经营风险高。

可是，尚育康认准要做的事，一定要做成。修建厨房和餐厅、招聘厨师和服务员、办理营业执照和餐饮经营许可证等，不到一个月，"鸡司令"乡村柴火鸡农家乐开业了。

柴火鸡农家乐，让游客们不但能看，还能吃，丰富了农场的活动内容。成县周边前来体验的游客不断增多，尚育康和他的员工们每天忙得不亦乐乎。开业第一个月，账面收支基本持平，取得了开门红。鸡是自己养的，厨师是附近村庄招聘来的，服务员是本村留守妇女，柴火鸡农家乐成为带动更多村民增收致富的新平台。

尚育康通过快手、微信朋友圈和抖音等自媒体平台，展现自己的鸡司令农场，直播喂养鸡、捡拾鸡蛋等场景。农场里的优美环境吸引了不少朋友来参观体验，他们品尝柴火鸡，临走时再带几盘乌鸡蛋。鸡司令农场已发展成为集特色种养殖、采摘体验、乡村餐饮、观光娱乐、网红打卡和直播带货等为一体的农业综合体。

游客在农场观光体验

早在 2016 年，尚育康在政府的帮助下发起成立了成县贵妃种养殖农民专业合作社，由合作社统一发放鸡苗给当地的贫困户，全程为他们提供技术支持；等乡亲们把鸡养大，他再负责回收销售，带动周边农户一起脱贫致富。

2023 年，尚育康还向政府申请了助农贷款，他计划利用这笔资金继续扩大养殖规模。除了养鸡带动乡亲们致富外，尚育康的心里还记挂着家乡的核桃树："我们县里有非常多的核桃树，每年丰收的时候销售渠道单一，价格也普遍不高，其实核桃品质都挺好的。"他打算通过电商途径，将核桃之乡的更多特产销往全国各地。

回顾自己返乡创业 8 年来的经历，尚育康满怀信心地总结："希望越来越多的年轻人能回到村里，把外面学到的知识和经验用到农活上，农村的日子肯定会越来越有奔头！"如今，越来越多像尚育康一样的年轻人，主动选择留在乡村，他们正以不同的方式，把自己的事业与家乡的发展联系在一起，让更多人相信，留在家乡也能打拼出一番真正属于自己的事业！

媒体报道

● 陇南市成县白马寺村的"90 后"养殖户尚育康戏称自己为"山村鸡司令"。为了拓展鸡苗的销路，他制作短视频，做直播，一时间竟成了一名"网红"。如今的尚育康依靠养殖贵妃鸡发家致富，但这一切来之不易。2015 年，尚育康结束打工生活，不顾家人反对回乡创业。刚开始,尚育康买了500只小鸡苗试水养殖,小鸡成活率达到了95%以上,这让他异常兴奋,于是他跟父母要钱进了2000只鸡苗,但是由于经验不足死了1500只,担心村民笑话,尚育康每天半夜把死鸡拉到山上埋掉,整整埋了一星期。

资料来源:央视网,https://tv.cctv.com/2020/08/07/VIDEVylyXIimmex-Izclnuoqa200807.shtml。

● "不管是白天还是晚上,如果没事我几乎一直在养殖场。每天睁眼看到的是鸡,闭眼想的还是鸡。"2017年的一天,尚育康别出心裁,把饲料摆成了心形喂鸡,让"小鸡比心",来了一波"土味告白"。

视频在网络热传,网友通过短视频关注到他的网店。贵妃鸡的销路广了,尚育康变成了网友口中的"鸡司令",拍摄短视频也成为他生活中的新常态。

除了经济上的收益,"花式养鸡"也在潜移默化间改变着尚育康:"我曾是留守儿童,心里其实很自卑,之前都不太好意思和别人聊天;现在经常开直播,性格也变得开朗起来……"

资料来源:腾讯网,https://new.qq.com/rain/a/20211004A010GM00。

● 2019年9月,尚育康开始在抖音、快手等短视频平台分享自己的养鸡体会和创意。最初,他的视频只拍拍鸡飞上树、给鸡喂食等,关注的人不太多,评论互动也很少。

后来，在给鸡喂食的过程中，尚育康发现鸡总是会跟着他撒下的饲料路径而进食，横着撒饲料时，小鸡们就会呈"一"字队形觅食，竖着撒饲料时又会摆出"1"的造型。

"是不是喂饲料的时候摆出啥形状，小鸡们会在觅食时跟着呈现同样的队形？"带着一丝好奇和激动，尚育康第一次在鸡场的空地上用饲料摆了个"心"形。结果很快验证了他的想法。"我把这个拍成短视频发布，网友一定喜欢！"这个创意立刻让尚育康精神一振，自此，他便开始了"号令"鸡群的短视频创作。在新中国成立70周年时，他用2000只鸡摆出"70"字样祝福祖国的视频，传遍大江南北，被网友们评价"最接地气的土味告白祖国"，迅速火出圈。一时间，来自全国各地的媒体争相采访、上央视、拍纪录片等，关于尚育康的报道铺天盖地。

资料来源：每日甘肃网，https：//gansu.gansudaily.com.cn/system/2021/05/04/030328199.shtml。

后　记

　　离泥土越近，生命力越强。一个夏夜，我们伴随着皎洁的月光借宿两当县杨店镇陈家沟。晚风轻拂，萤火虫在林间飞舞，蛐蛐在草丛中呢喃，陈家沟的夜更静了。清晨被雄鸡叫醒，漫步在陈家沟的山林，深吸一口沁人心脾的空气，眼前都是青山绿水，让人恍若进入世外桃源，乡亲们的朴实和热情感染着我们每个人。从此，我们与陇南结下了不解之缘。项目组成员利用寒暑假和北京大学新结构经济研究院、甘肃省知名的文旅产业专家、兄弟院校设计专家等多次赴陈家沟，在田间地头和深山密林中收集资料、开展调研，为陈家沟的农户做民宿设计，办文化论坛，帮助农民兴建合作社，在兰州办特色农产品展览，和甘肃金美新农林有限公司一道在陈家沟投资打造现代田园综合体。渐渐地，到陈家沟的游客多了，29户村民的收入也提高了，村民脸上的笑容也更多了。

　　2019年以来，我们项目组成员走遍了陇南的山山水水，用脚步丈量着新时代发展取得的丰硕成果，用心聆听每个感人至深的奋斗故事。作为社科工作者，我们有责任让大山以外的人们感受到这些为新时代奋斗的脉搏。

新时代陇南个体网商实践案例

习近平总书记强调,"广大科技工作者要把论文写在祖国的大地上,把科技成果应用在实现现代化的伟大事业中"。到 2023 年底,作为课题阶段性成果的《产业支撑乡村振兴实践案例丛书》完稿,交付出版社出版。本丛书包括《乡村振兴陇南电子商务实践案例》《金融支持陇南产业融合实践案例》和《新时代陇南个体网商实践案例》,共包含 30 个案例。这 30 个案例中的人物,是千千万万奋斗的劳动者的缩影,也是新时代陇南乡村振兴的佐证。我们感恩时代美好,歌颂劳动伟大,在这里分享成功的经验和失败的教训,记录乡村振兴的创举,也写出了政策落地的艰难。我们希望通过这些真实的案例,让更多的人了解到乡村振兴在陇南的实践,感受到每个劳动者为乡村振兴付出的努力,同时也为其他地区的乡村振兴提供借鉴和参考。

在本书编写过程中,我们走访调研了上百家大大小小的企业和合作社,访谈了许许多多的创业者和农户,每次走进陇南进行交流访谈,我们都能够深刻体会和感受到乡村振兴给陇南实践带来的变化和影响。这些变化不仅体现在乡村产业、人才、文化、生态和组织等方面,更体现在乡亲们的精神面貌和自信心上,也让我们感受到了乡村振兴的力量和希望。我们看到了各行各业的劳动者投身乡村振兴,为乡村发展注入新的活力;我们也看到了越来越多的乡亲们从被动接受援助到主动寻求发展,用他们的双手创造了美好生活,用实际行动诠释着"幸福是奋斗出来的"。

在今后的工作中,我们将继续深入研究乡村振兴的理论和实践,

后 记

以更加精准的科研成果服务于乡村振兴。我们将继续关注陇南的发展，见证陇南的变迁，记录陇南的故事，传播陇南的声音，为陇南的发展贡献我们的力量。

非常感谢甘肃省教育厅高等学校产业支撑引导项目的支持，同时感谢兰州财经大学各位领导对科研的高度重视和大力支持。在项目调研和丛书编写过程中，我们得到了陇南市各级政府部门特别是陇南市电子商务发展局和各区县电商中心的大力支持，陇南当地企业和企业家、地方金融机构和电商创业者也给予我们莫大的支持和帮助。在访谈调研和资料收集过程中，我们引用了很多学者的观点和新闻媒体的相关数据，在这里，对他们一并表示诚挚的感谢。我们还要感谢中国财政经济出版社的编辑们，他们字斟句酌的辛勤努力和一丝不苟的专业精神为丛书的可读性增色不少。当然，我们文责自负。最后，我们更要感谢陇南大地上千千万万的最美的劳动者，他们的劳动热情和奋斗精神将不断激励着我们不懈努力、勇毅前行。

乡村振兴的道路并非一帆风顺，但我们始终坚信，只要在以习近平同志为核心的党中央的坚强领导下，坚持以人民为中心，立足实际，发挥优势，创新机制，"犯其至难而图其至远"，就一定能够推动乡村振兴战略落地生根、开花结果。

《产业支撑乡村振兴实践案例丛书》编写组
2024 年 4 月